Alois Raimund Hein

Mäander, Kreuze, Hakenkreuze und urmotivische

Wirbelornamente in Amerika

Ein Beitrag zur allgemeinen Ornamentgeschichte

Alois Raimund Hein

Mäander, Kreuze, Hakenkreuze und urmotivische Wirbelornamente in Amerika
Ein Beitrag zur allgemeinen Ornamentgeschichte

ISBN/EAN: 9783743680043

Hergestellt in Europa, USA, Kanada, Australien, Japan

Cover: Foto ©Suzi / pixelio.de

Weitere Bücher finden Sie auf **www.hansebooks.com**

MÄANDER,

KREUZE, HAKENKREUZE

UND

URMOTIVISCHE WIRBELORNAMENTE

IN

AMERIKA.

EIN BEITRAG ZUR ALLGEMEINEN ORNAMENTGESCHICHTE.

VON

ALOIS RAIMUND HEIN

K. K. PROFESSOR UND AKADEMISCHER MALER.

MIT 80 ORIGINAL-ILLUSTRATIONEN.

WIEN 1891.

ALFRED HÖLDER

K. U. K. HOF- UND UNIVERSITÄTS-BUCHHÄNDLER

I. ROTHENTHURMSTRASSE 15.

MÄANDER.

KREUZE, HAKENKREUZE

UND

URMOTIVISCHE WIRBELORNAMENTE

IN

AMERIKA.

EIN BEITRAG ZUR ALLGEMEINEN ORNAMENTGESCHICHTE.

VON

ALOIS RAIMUND HEIN

K. K. PROFESSOR UND AKADEMISCHER MALER.

MIT 30 ORIGINAL-ILLUSTRATIONEN.

———

WIEN 1891.

ALFRED HÖLDER

K. U. K. HOF- UND UNIVERSITÄTS-BUCHHÄNDLER

I. ROTHENTHURMSTRASSE 15.

Vorbemerkung.

Das Studium der einfachsten Grundformen der Verzierungskunst und die daraus erwachsende Erkenntnis des causalen Zusammenhanges, welcher zwischen der primitiven Ornamentik und den vollendeten Leistungen der höchsten Kunstblüte besteht, haben mich schon lange zu der Überzeugung gedrängt, dass die ornamentgeschichtlichen und die allgemein kunstgeschichtlichen Probleme nur unter Zugrundelegung der Ergebnisse der völkerpsychologischen Urgeschichte in vorurtheilsfreier und unbefangener Weise gelöst werden können. Ich gelangte daher, nachdem ich mich durch fast zwei Jahrzehnte mit den Elementen der sogenannten Stilornamentik beschäftigt hatte, dahin, die ausgetretenen Bahnen ästhetischer Dogmatik zu verlassen und mich mit der Kunstthätigkeit der von den Kunstzünftlern bislang völlig ignorierten „Naturvölker" zu beschäftigen. Thatsächlich wurde ich auch bald bei dem Fortschreiten auf diesen vernachlässigten Wegen durch die Wahrnehmung belohnt, dass — in vollkommener Übereinstimmung mit den Voraussetzungen, welche mich von Anfang geleitet hatten — die ursprünglichen Äußerungen des Kunsttriebes sich in völliger und überraschender Identität der zur Darstellung gebrachten Wurzelformen begegnen. — Ich hoffe in nicht allzu ferner Zeit ·in die ·Lage versetzt zu sein, die Ergebnisse meiner nach diesen Richtungen hin unternommenen Studien in einer Abhandlung über „Ornamentale Urmotive" der Öffentlichkeit übergeben zu können. Vorläufig aber möge es mir verstattet sein, den in den nachfolgenden Blättern enthaltenen kleinen Theil meiner Untersuchungen, welcher lediglich die amerikanische Ornamentsymbolik betrifft, einer freundlichen Aufnahme zu empfehlen.

Wien, im Juli 1891.

Der Verfasser.

Verzeichnis der Abbildungen.

—

· Quellen-Index.

MÄANDER,

.

KREUZE, HAKENKREUZE

UND

URMOTIVISCHE WIRBELORNAMENTE

IN

AMERIKA.

EINLEITUNG.

Die Beziehungen der Wissenschaften zu einander bleiben oft lange völlig unbeachtet, und erst, nachdem dieselben erkannt sind, wird man mit Staunen gewahr, welche Fülle von Anregungen sich aus der gegenseitigen Befruchtung der einzelnen Wissenszweige schöpfen lässt. Die Erkenntnis des Bestandes solcher Wechselbeziehungen zwischen den Ergebnissen der ethnologischen Forschung und gewissen kunstwissenschaftlichen Disciplinen scheint neuestens in der Erschließung begriffen. Zwar ist den Berufsethnologen der Ausdruck künstlerischer Vornehmheit in den Arbeiten vieler Naturvölker seit langem angenehm aufgefallen, aber eine auf den Principien ästhetischer Wertschätzung und Vergleichung beruhende Analyse solcher häufig mit primitiven Mitteln, aber nicht immer in primitivem Geschmacke hergestellten Erzeugnisse ist bislang fast noch niemals versucht worden. Zunächst hat die Ethnologie, als Wissenschaft selbst noch in den Anfangsstadien der Entwickelung begriffen, bei der in ihrem Forschungsgebiete herrschenden Materialienfülle ein Eingehen in ästhetische Specialuntersuchungen aus gutem Grunde nicht wohl unternehmen können. Es harrte stets eine grosse Reihe von Fragen der Beantwortung, deren Stoffe sich zwangloser dem streng ethnologischen Arbeitsgebiete angliedern ließen.

Die Berufsästhetiker aber giengen ihrerseits einem Materiale gerne aus dem Wege, welches schon auf den ersten Blick zu fremdartig und zu widerspenstig erschien, um bequem unter das Richtmaß ererbter Vorstellungen und conventioneller Schönheitstheorien gestellt werden zu können. So kam es, dass ein Feld von übergroßer Fruchtbarkeit, durch alle Zeiten bis zur Gegenwart herrenlos und unbebaut, später Nutzbarmachung vorbehalten wurde. Arbeiten, welche auf der strittigen Grenzscheide zweier einander scheinbar wenig verwandten Gebiete liegen, bleiben am längsten unerledigt. Für Untersuchungen, welche auf solchem Boden hätten geführt werden müssen, fehlte den Ethnologen zunächst das Auge; den Künstlern und Kunstgelehrten aber in gleichem Maße Interesse und

1*

Verständnis. Wohl bereitet sich jetzt ein verheißungsvoller Umschwung vor; schon stehen einzelne hervorragende Gelehrte mit Weitblick und universeller Bildung im Dienste der ethnographischen Wissenschaft, von denen wir bedeutsame Monographien vorwiegend ästhetischen Inhaltes besitzen, und auch die Zahl der Kunsthistoriker, welche die häufig ebenso interessanten als schönheitsvollen Hervorbringungen jener Völker, die außerhalb der von uns einseitig begrenzten Culturzonen leben, als nicht vollwichtig betrachten, scheint in erfreulicher Abnahme begriffen. Aber noch sind die Anfangsversuche kaum gemacht, welche in nicht ferner Zeit gewiss zu einer weitausgreifenden, vielgegliederten Thätigkeit führen werden, zu einer Thätigkeit, deren Resultate einem späteren Geschlechte eines der schönsten Capitel in der Geschichte des Menschen, sein Verhältnis zur Kunst, zu veranschaulichen berufen sind.

Noch ist die bis jetzt aufgespeicherte Formensammlung aus den mannigfaltigen Zweigen des Kunstschaffens lange nicht dem unerschöpflichen Reichthum der thatsächlichen Hervorbringungen solcher Art entsprechend, noch fehlen die Grundlagen für eine allgemeine Ornamentgeschichte fast gänzlich, noch ist das heute schon massenhaft zusammengetragene Material, welches die kostbarsten, weil unersetzlichen Schätze der primitiven Kunstversuche einsam lebender Naturvölker enthält, völlig unausgebeutet, noch ist eine Ornamentanalyse, welche die Elemente der Ornamentcompositionen bloßzulegen, die feststehenden Typen herauszuschälen und die universalen oder urmotivischen Typen von den charakteristischen Stiltypen zu sondern hätte, kaum in dem Ideengange einzelner Forscher vorgedeutet.

Ein Zurückgehen auf den äußersten Urbeginn der Kunstentwickelung ist historischerweise überhaupt nicht mehr möglich; ein Einblick in die embryologischen Vorstadien dieser Entwickelung kann nur noch durch aufmerksame und vergleichende Beobachtungen der künstlerischen Versuche bei den Naturstämmen gewonnen werden. Da aber, wie aus dem nachweislichen Vorkommen verschiedener ornamentaler Urmotive bei Völkern aller Erdtheile und Zonen und aus vielen sich bis zu vollkommenster Identität steigernden Übereinstimmungen, die auf gegenseitige Entlehnung oder auf Vorbildlichkeit schon wegen unüberbrückbarer räumlicher Getrenntheit nicht zurückgeführt werden können, Anlage und Fortschritt in der Entwickelung der Völkerpsyche auf allen Punkten der Erde überraschende Parallelen aufweisen, so wäre aus der genaueren Kenntnis und Analyse der elementaren Kunstanfänge, wie sie uns bei den Naturvölkern heute noch begegnen, ein Calcul für den ursprünglichen Wert und Gehalt unserer eigenen frühesten Kunstübung mit ziemlicher Wahrscheinlichkeit abzuleiten.

Dass auch die elementaren Kunstversuche der Naturstämme, dass auch die oft mit den primitivsten Mitteln hergestellten Erzeugnisse des menschlichen Schaffensdranges, sofern sie den Regungen des Schönheitstriebes ihre Entstehung verdanken, Anspruch darauf erheben dürfen, als Werke der Kunst betrachtet zu werden, steht wohl außer Zweifel. Die Kunst begann, als der urgeschichtliche Mensch das erste Stück Holz vom Baume schlug, den ersten Stein aus dem Bachbette holte oder die erste Muschel an der Meeresküste auflas, um dieselben zur Herstellung von Waffen oder verschiedengestaltigen Gebrauchsgegenständen zu verwenden. In dem einfachen Blockhause des Urwaldbewohners ist schon der Palast des verfeinerten Culturmenschen vorgedeutet, und die unbeholfenen Kritzelversuche, mit welchen der weltabgeschiedene Insulaner, einem instinctiven Gestaltungstriebe gehorchend, die ihn umgebenden Erscheinungsformen oder die Eingebungen seiner Phantasie auf der Fläche festzuhalten trachtet, sind, aus denselben psychischen Regungen entspringend, von den Meisterwerken Raffaels und Michelangelos nur graduell verschieden. Was man heute mit dem Namen Kunstgeschichte bezeichnet, ist nichts weiter als ein mageres Capitel von Aufzeichnungen über die Werke und Meister einer uns zunächst liegenden und in ihren Bedingungen allgemein verständlichen Culturperiode; von dem Wesen der Geschichte fehlt ihr vorweg schon darum das Wichtigste, weil sie uns das im gewissen Sinne Fertige vor Augen stellt, die Enthüllung des Werdeprocesses aber, insonderheit wo es sich um die ursprünglichen Grundlagen handelt, vermissen läßt. Die Wege, welche zu den Anfangsstadien der Kunstentwickelung zurückleiten, sind heute noch zumeist unbetreten; in mühseliger Forscherarbeit muss durch ethnologische Untersuchungen und durch die Darlegungen, welche uns die Alterthumskunde bietet, nach den halbverwischten Spuren jener geheimnisvoll verschlungenen Pfade gefahndet werden. Bis die Kunst dasjenige wurde, was heute ausschließlich den Gegenstand kunstwissenschaftlicher Betrachtung ausmacht, mussten ganze Völkergenerationen erstehen und wieder verschwinden; aus den Schutthügeln, welche die Ergebnisse ihrer einstigen Thätigkeit bergen, und aus den ethnographischen Museen müssen die Bausteine geholt werden, um daraus das Fundament einer wahrhaft allgemeinen Kunstgeschichte zu errichten. Bis jetzt fängt das kunstwissenschaftliche Lehrgebäude noch immer mit der Bel-Etage an; den Unterbau bilden problematische Piloten. Bei jedem Schritte, den wir zum Studium des Wesens und der Arbeit fremdländischer Völkerschaften und zur Aufhellung vergangener Zeitperioden unternehmen, lesen wir die einzeln und zerstreut umherliegenden Glieder einer Kette auf, die, gegenwärtig noch tausendfach zerstückelt, dereinst einmal geordnet, den imponierenden Gesammteindruck einer sich aus dem causalen Zusammenhange ergebenden logischen Entwickelungsreihe bieten wird.

Aber welche Fülle von Arbeit muss noch geleistet werden, um einem solchen Ziele näherzurücken! Jeder, der an dieser Arbeit mit Aussicht auf Erfolg theilzunehmen versuchen wollte, müsste entweder ein künstlerisch geschulter Ethnograph oder ein ethnographisch geschulter Künstler sein. Es ist einleuchtend, dass bei der weit auseinanderliegenden Eigenart dieser beiden Bildungsrichtungen sich die Qualitäten eines solchen Zwitteringeniums nur sehr selten finden lassen. Freilich erzieht jede einmal als dringlich erkannte Arbeitsaufgabe die zu ihrer Bewältigung erforderlichen Arbeitskräfte selbst. Aber dazu bedarf es stets eines mächtigen Anstoßes, welcher der gewünschten Bewegung eine fördersame Richtung verleiht. Es wäre die Pflicht der Staatsverwaltungen und der zielverwandten gelehrten Gesellschaften, an diesem Punkte organisierend einzugreifen. Hier liegt einer jener Fälle vor, in welchen sich morgen nicht mehr einholen lässt, was heute versäumt worden. Das erschreckend rasche Zurückweichen und Verschwinden eigenartiger Völkernaivetät vor dem Ansturme fremdländischer Cultur und die Wahrnehmung, dass die in unseren Museen aufgesammelten Schätze trotz sorgfältigster Conservierung einem mitunter jähen Verderben entgegengehen, machen es zur Pflicht, die flüchtigen Erscheinungen wenigstens in der Beschreibung und im Bilde festzuhalten, solange man ihrer noch habhaft werden kann.

Dieser ernsten Aufgabe widmen sich in neuerer Zeit die Archäologen und Ethnographen Amerikas mit ebensoviel Eifer als Erfolg. Hervorragende Gelehrte mit künstlerischem Blick und bewunderungswürdigem Feingefühl haben die Arbeiten der Indianerstämme und die durch emsig betriebene Ausgrabungen wiedergewonnenen Überreste aus Amerikas Vorzeit in zahlreichen, mustergiltig illustrierten Abhandlungen dem allgemeinen Verständnisse erschlossen.

Die in den nachfolgenden Blättern versuchten Zusammenstellungen sind zum größten Theile auf die Anregungen zurückzuführen, welche sich aus dem Studium dieser gelehrten Schriften ergeben.

Der Mäander.

Die verschiedenen Zweige der technischen Künste haben im allgemeinen überall auf der Erde den gleichen Anfang genommen. Die primitive Keramik des japanischen Alterthums, Jahrhunderte lang ihren embryonalen Charakter bewahrend, tritt in der Unvollkommenheit ihrer Bildungen ganz nahe an die archaischen Töpfereien Trojas und Mexikos heran. Hier sowohl wie in der Textilkunst, in der Metallotechnik und in der Kunst der Holzbearbeitung sehen wir bei allen Völkern in fast übereinstimmender Weise das Bestreben sich äußern, zunächst des Stoffes Herr zu werden. Da ist das Ziel nahe und die Umwege sind gering. Erst allmählich und spät vermochte die bildende Hand dem vorher bezwungenen Stoffe in ihren Hervorbringungen den Stempel des Individuellen aufzuprägen. Der Stil in den technischen Künsten, diese große

Resultierende aus dem Charakter des verarbeiteten Rohproductes und dem Ingenium des dasselbe verarbeitenden Bildners tritt erst dann in seiner Eigenart hervor, wenn die anfangs widerstrebende Materie sich ohnmächtig und willig unter dem siegreichen Drucke der planmäßig schaffenden Menschenhand fügt. Es entspricht vollkommen dem Gesetze der Causalität, dass dieselben Erfindungen ganz unabhängig voneinander an verschiedenen Orten gemacht wurden. Gleiches Streben auf gleichen Bahnen muss nothwendig zu verwandten Zielen führen. Die Kunst des Flechtens und Webens, die Handhabung der Töpferscheibe, das Schnitzen des Holzes, das Hämmern und Gießen der Metalle mussten die Völker nicht erst einander abgelernt haben. Ein Blick auf die Erzeugnisse in vollster Abgeschiedenheit lebender Naturvölker überzeugt uns, dass höchst beachtenswerthe Leistungen auf den verschiedensten Kunstgebieten an Orten gemacht werden, wo man vergebens nach einem Lehrmeister fragen würde. Die menschlichen Bedürfnisse, in ihrer elementarsten Ursprünglichkeit auf der ganzen Erde vollkommen identisch, mussten naturnothwendig eine bedeutende Ähnlichkeit der zu ihrer Befriedigung hervorgebrachten Objecte zur Folge haben. Unter allen Himmelsstrichen werden schmiegsame, elastische Stoffe zu Körben und Matten verarbeitet, wird die Pflanzenfaser gesponnen, gedreht, gezwirnt werden Gewebe gefertigt, Gefäße geformt, Werkzeuge geschmiedet, wird Holz gespalten, geschnitten, geschnitzt. Dass die Gebrauchsgegenstände, unbeschadet der tausendfältigen Variation desselben Themas, eine große Ähnlichkeit besitzen, kann uns nicht befremden; seltsamer muthet es uns an, dass auch im Decor dieser Objecte gewisse Formen bei allen Völkern nachgewiesen werden können. Diese Decorationstypen von universeller Verbreitung könnte man als ornamentale Urmotive bezeichnen. Der Punkt, die gerade und die gebogene Linie, die geradegebrochene Linie, das Zickzackband in seinen verschiedenartigen Bildungen, das Dreieck, das Viereck, der Kreis, die Spirale — das sind Elemente, die in der Ornamentik jedes Volkes vorkommen.

Besonders bemerkenswert sind zwei Verzierungstypen, deren allgemeine Verbreitung erst mit der Aufnahme systematischer ethnologischer Forschungen zur Gewissheit geworden ist: der Mäander und das Kyma. Wie schon bei den Griechen die aus der Natur entlehnten Benennungen dieser Formen dieselben nicht als das Resultat mathematischer Spitzfindigkeit, als das Ergebnis reiner Abstraction erkennen lassen, so musste umsomehr das in neuerer Zeit nachgewiesene Vorkommen dieser Bildungen bei den einfachsten Naturvölkern, denen schon durch die Lage ihrer Wohnsitze die Ursprünglichkeit ihrer künstlerischen Erfindungen gesichert erscheint, zu einer von jeder Überlieferung oder von außen kommenden Beeinflussung absehenden Erklärung führen.

Robert Philips Greg, welchem wir auch schätzenswerte Untersuchungen über das Hakenkreuz verdanken, spricht sich gegen die Annahme einer Übertragung des Mäanders von Europa nach Amerika aus, gelangt aber zu dem Schlusse, dass die Mäanderformen in der Neuen Welt ganz ebenso wie bei den Griechen und Etruskern eine symbolische Beziehung auf das Wasser enthielten.[1] Greg stützt seine Ausführungen mit dem Hinweise auf mehrere Abbildungen einschlägiger Natur, welche in den beiden großen Werken „Historia de Nueva España escrita por su Esclarecido Conquistador Hernan Cortes" (Mexiko 1770) und Kingsboroughs „Antiquities of Mexico" (London 1831—1848) enthalten sind. In dem einen der beiden genannten Werke befindet sich die Darstellung eines in achtzehn Monate zu je zwanzig Tagen getheilten Kalenderjahres, wobei jedem Monate eine symbolische Bezeichnung mit einem für dieselbe typischen Ornamente beigemessen ist. Der erste Monat heißt Atemoztli, der Regenmonat, mes de aguas. Fig. 1, in welcher die Symboltype für diesen Monat dargestellt ist, enthält den Mäander, und

Fig. 1. Symboltype für Atemoztli, den mexikanischen Regenmonat.

zwar ebensowohl rechtwinkelig gebrochen als auch in spiraliger Abrundung. Der stufenförmig abgetreppte Ziegelbau, an welchem diese Mäanderelemente hängen, stellt wahrscheinlich einen künstlichen Schutzdamm dar; die von den beiden Mäandern herabhängenden, in kugelige Tropfen auslaufenden Formen bedeuten überfließendes Wasser. Der Schlüssel zu dieser letzteren Erklärung findet sich in dem schon genannten, großen Werke von Lord Kingsborough, wo erklärt wird, dass diese Zeichnung typisch war für die Darstellung einer Pflanze, aus deren Blättern sich zu einer bestimmten Zeit des Jahres ein wässeriger Saft in beträcht-

---

[1] „Having paid a good deal of attention to the subject and examined the specimens from Mexico and Peru in many museums, and after pretty full examination of most of the printed works bearing on the subject, I am inclined to think that this similarity of the old Mexican and Peruvian key-pattern, as it may be called, may be merely accidental. However that may be, its origin in the New World may pretty clearly be traced to water, of which it has evidently been considered the symbol." Robert Philips Greg, The fret or key ornamentation in Mexico and Peru. Archaeologia, London 1883, pag. 157.

licher Menge ergießt. Diese Eigenschaft mag wohl der Grund dafür gewesen sein, dass die stilisierte Form der mit Tropfen besetzten Pflanzenblätter bei den Mexikanern das hieroglyphische Symbol für den Begriff „Wasser" geworden war. Greg ist der Meinung, dass sich die charakteristischen mexikanischen und peruanischen Stufenmäander aus der Hinweisung auf die in Treppenabsätzen aufgeführten Wasserschutzdämme leicht erklären lassen. Die Verwendung des mäandrischen Wassersymbols im Decor von Töpfen, Krügen und sonstigen Wassergefäßen, wo Bordüren solcher Art thatsächlich sehr häufig sind, könnte zur Unterstützung der mitgetheilten Hypothese herangezogen werden. Dafür erscheint namentlich das Ornament an einem Wasserkruge aus Peru (Fig. 2), in welchem unter einer Bordüre, die aus einer Reihung von Stufenmäandern besteht, schwimmende Fische angebracht sind, sehr bedeutungsvoll. Zusammenstellungen von Mäandertänien und Kymabordüren mit sich tummelnden Delphinen und anderen Fischen sind auf altgriechischen Terracotten und auf etruskischen Vasen mehrfach nachgewiesen worden. Wenn man nun damit die Thatsache zusammenhält,

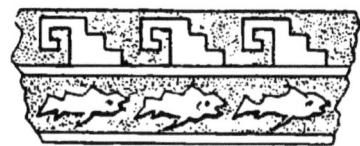

Fig. 2. Mäanderband mit Fischen von einem Wasserkruge aus Peru. Sammlung Greg.

dass auch in China und Japan der Mäander mit dem Wasser, mit dem Regen, mit dem Feuchten in Beziehung gebracht wird, so erweist sich hieraus die beachtenswerte Erscheinung, dass in drei verschiedenen Erdtheilen nicht nur die gleichen Symboltypen unabhängig voneinander zur Verwendung gelangten, sondern dass ihrer formalen Verwandtschaft auch die ihnen unterschobene mystische Bedeutung entspricht. Der alte chinesische Name für mäandrische Verzierungen heißt lei-wên („Donnermuster") oder yün-lei-wên („Wolken-Donnermuster"), und es ist nach den Aufzeichnungen des in der Mitte des XI. Jahrhunderts n. Chr. schreibenden Autors des Mêng-ch'i-pi-t'án unzweifelhaft, dass diese Erklärung in die chinesische Archäologie Eingang gefunden, und dass folglich seit jener Zeit auch den ausübenden Künstlern die symbolische Bedeutung des Gewitters vorgeschwebt hat, wo sie sich des Mäanders bedienen. Der Mäander, als Symbol des Donners, der Wolken oder des Gewitterregens, soll indessen, wo er auf chinesischen Kunstobjecten erscheint, in übertragener Bedeutung auch auf die Gunst des Himmels hinweisen, die ein vornehmlich ackerbautreibendes Volk, wie es die alten Chinesen waren, in der segenspendenden und befruchtenden Feuchtigkeit erblicken musste. In der Vorrede zum ersten Capitel des Po-ku-t'u-lu sowie an anderen Stellen, wo über die Bedeutung des „Wolken- und Donnermusters" gesprochen wird, sagt Wang Fu: „Man macht Wolkendonner (das „Mäandermuster"), um dadurch die Anerkennung feuchter Dinge anzudeuten. Feuchte Dinge, wie Regen, sind in China das Symbol von Gunstbezeugungen.[1]

Greg gibt der Meinung Ausdruck, dass auch bei den Mexikanern und Peruanern das häufige Auftreten des Mäanders unter den Verzierungsformen auf die Verehrung zurückzuführen sei, welche man dem „feuchten Elemente" zollte. „It is easy to see, how the key-pattern or ornament, both as a separate arrangement and in continuous combination as a border or fret, came, in a country where water and rain were at certain times of the year of great importance, and where works of

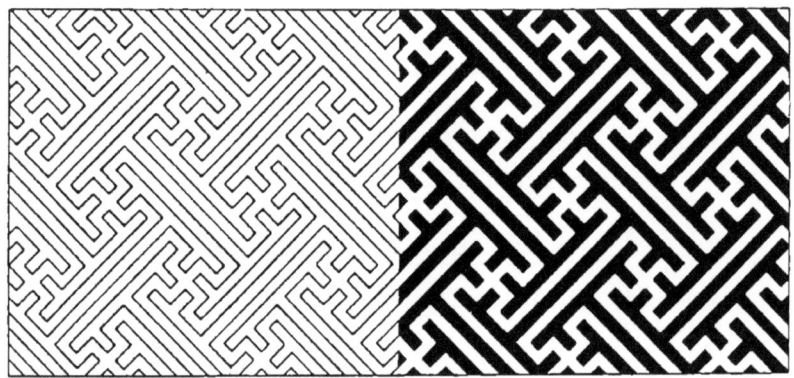

Fig. 3. Chinesischer Hakenkreuzdessin von einer Vase in Email cloisonné; Privatbesitz. Originalaufnahme: A. R. Hein.

irrigation, etc. were carried on more or less extensively, to have an interest, and to be used as a frequent device on domestic pottery, water jugs, and even on public buildings."

Der chinesische Mäander hat mit gewissen brasilianischen Verzierungsformen auch nach der Zusammenstellung der Formenelemente etwas Verwandtes. Beseitigt man nämlich in dem bekannten chinesischen Hakenkreuzdessin (Fig. 3) das eine System der beiden aufeinander normal stehenden Doppel-T-Reihen, indem man gleichzeitig die äußersten Querbalkenvorsprünge der übrig bleibenden Parallelreihen abschneidet, so erhält man den Décor eines Glasperlenschnurzes vom Rio Negro in Brasilien (Fig. 4). Während jedoch der chinesische Dessin aus der Verbindung von Hakenkreuzen abgeleitet werden muss, ergibt sich der

---

[1] F. Hirth, der Mäander und das Triquetrum in der chinesischen und japanischen Ornamentik. Zeitschrift für Ethnologie. Berlin 1889. Verh., pag. 488.

brasilianische aus der parallelen Lagerung aneinandergehängter einfacher Mäanderreihen. Das einfache rechts oder links laufende Mäanderband kann man als eine einseitige rechtwinkelige Abbiegung des
Zinnenbandes betrachten; wird das Zinnenornament beiderseitig unter
rechten Winkeln ausgebogen, so erhält man den stehenden Mäander.
Das in Fig. 4 dargestellte Ornament „könnte man aus Reihen von
gegeneinandergekehrten, einfachen, normal stehenden Mäandern, deren
einzelne Motive alternierend mit den Nachbarreihen durch Querbänder
verbunden sind, ableiten. Allein eine vergleichende Betrachtung der von
den Arauaken gefertigten Kunsterzeugnisse aus Britisch- und Fran-
zösisch-Guyana, sowie aus Nordbrasilien ergibt, dass eine Grundform
der arauakischen Ornamentik, welche auf den meisten Flechtwerken erscheint, auf einer ganz eigenartigen Verwendung des stehenden Mäanders

Fig. 4. Mäandroid-Dessin an einem Schurz vom Rio Negro in Brasilien. (Museum für
Völkerkunde in Hamburg, Inv.-Nr. 932.) Orig.-Aufn.: Dr. W. Hein.

beruht: Zwei einander entgegengekehrte Elemente dieses Motives werden
beiderseits durch ein Querband verbunden, wodurch sie eine in sich ab-
geschlossene zweiachsig symmetrische, in den Rahmen eines Quadrates
passende Figur bilden, die man bezeichnend mit dem Namen Mäandroid belegen könnte.“[1]
Die in Fig. 5 mitgetheilte Bordüre besteht nur aus einer Reihe
einfach nebeneinandergestellter Mäandroide. Auf einem Korbe aus Fran-
zösisch-Guyana im k. k. naturhistorischen Hofmuseum zu Wien (Inv.-
Nr. 8519) macht ein einzelstehendes Mäandroid für sich allein die ganze
Verzierung des Objectes aus. Vier neben- und übereinander angeordnete
Mäandroide zeigt der in der Zeitschrift für Ethnologie, Bd. XVIII.
pag. 530, abgebildete, sehr hübsche Decor eines Körbchens aus Venezuela.

---

[1] Dr. Wilhelm Hein, Ornamentale Parallelen. Mittheilungen der Anthropol. Gesellsch.
in Wien, Bd. XX, 1890: pag. 55.

Angeregt durch das überaus häufige Vorkommen mäandrischer Linienzüge im Decor der Inka-Alterthümer von Ancon hat der bekannte, ausgezeichnete Peruforscher Stübel in einer kleinen Schrift: „Über altperuanische Gewebemuster und ihnen analoge Ornamente der altclassischen Kunst" eine Hypothese über die muthmaßliche Entstehungsgeschichte dieser decorativen Elementarformen aufgestellt, die sich, wenn sie auch keineswegs unbestreitbar ist, immerhin durch plausible Schlussfolgerungen und durch eine verblüffende Einfachheit des vorausgesetzten empirischen Werdeprocesses auszeichnet. Stübel führt die ersten Bildungen mäandrischer Linienzüge, sowie die Entstehung des Kymas, dieses in die Curve transponierten Mäanders, auf die Verschiebung halbierter, jedem ornamentierenden Volke geläufiger Elementarreihen zurück. Als Grundformen für das constructive Hilfsmittel der Verschiebung an einer Leitlinie werden geometrische Urmotive verwendet, wie das Quadrat, das Rechteck, das Rhombus, der Kreis, welche als Musterelemente in

Fig. 5. Mäandroid-Bordüre an einem Korbe von Britisch-Guyana. (Ethnogr. Museum in Kopenhagen Nr. 119 n.) Orig.-Aufn.: Dr. W. Hein.

dem angedeuteten Sinne sich verwendbar erweisen, weil sie einen Punkt besitzen, der jede durch ihn gelegte und bis zur Grenze der Figur fortgesetzte Linie halbiert. Stehen mehrere solcher Figuren in gleichen Abständen mit ihren Mittelpunkten an einer Leitlinie, so dass sie durch Verschiebung längs derselben zur Deckung gebracht werden können, so entsteht eine Reihe a b c d, wie in Fig. 6, Nr. 1. Die Reihe kann selbstverständlich auch aus zwei-, drei- oder mehrfach zusammengesetzten Grundfiguren bestehen. (Fig. 6, Nr. 2 und Nr. 3.) Werden nun die Musterelemente an der Leitlinie x y successive um einen oder um mehrere Theilungspunkte verschoben oder weitergerückt, was man am überzeugendsten darzuthun vermag, wenn man längs der Leitlinie einen Schnitt führt, um die solchergestalt losgetrennte untere Hälfte beliebig an die obere anpassen zu können, so erhält man je nach der Beschaffenheit der Grundfiguren verschiedene auf der Aneinanderreihung rechter Winkel basierende Ornamente, und zwar aus dem zweifach zusammengesetzten Elemente (Fig. 6, Nr. 2) durch Verschiebung um einen Theil (Fig. 6, Nr. 4) einen einfachen Mäander, oder, wenn als Fläche betrachtet, das Hakenornament, durch Verschiebung um zwei Theile

(Fig. 6, Nr. 5) das Zinnenornament, durch Verschiebung um drei Theile denselben Mäander wie in Fig. 6, Nr. 4, aber mit entgegengesetzter Laufrichtung, durch Verschiebung um vier Theile die Ruhelage (wie in Fig. 6, Nr. 2) und so weiter; durch Verschiebung des dreifach zusammengesetzten Elementes (Fig. 6, Nr. 3) um einen Theil erhält man den Mäander oder das Hakenornament (Fig. 6, Nr. 6), durch Verschie-

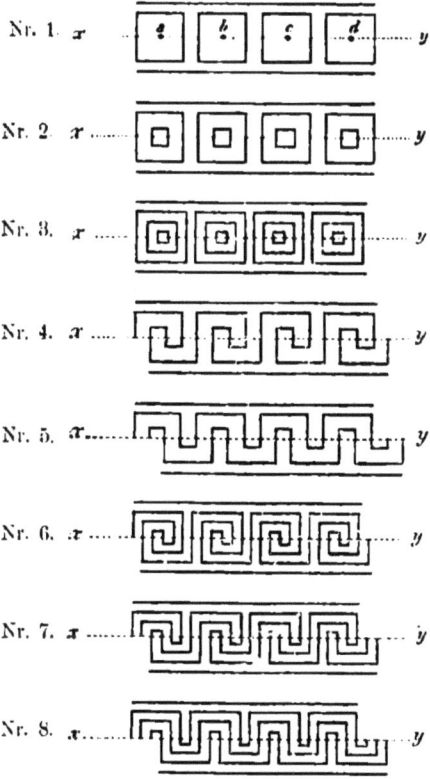

Fig. 6 Schema der Ableitung des Zinnenornamentes und des Mäanders nach Stübel.

bung um zwei Theile das S-förmige Band (Fig. 6, Nr. 7), welches im Rhythmus seiner Aufeinanderfolge schon ganz das wogenartige Ansteigen des Kymation verräth, durch Verschiebung um drei Theile das zusammengesetzte Zinnenornament (Fig. 6, Nr. 8), welches durch ungleiche Streifenbreite und durch Abrundung der Ecken ganz leicht zur dorischen Blattwelle und zum Eierstabe umgebildet werden kann, durch Verschiebung um vier Theile das S-förmige Band (Fig. 6, Nr. 7) mit entgegengesetztem Anstieg, durch Verschiebung um fünf Theile den Mäander (Fig. 6, Nr. 6) mit verkehrtem Ablauf, durch Verschiebung um sechs

Theile die ·Ruhelage (Fig. 6, Nr. 3) etc. Es empfiehlt sich, um das Anregende dieses interessanten Versuches voll zu· genießen, sowohl die in der mitgetheilten Figur enthaltenen als auch andere Formen, z. B. concentrische Kreisringe, Rechtecke mit eingesetzten Rhomben (Kyma, peruanische Gewebemuster), wirklich zu zeichnen und die Streifen sodann zum Zwecke der Verschiebung in der Halbierungslinie zu durchschneiden.

Nach der Anschauung Stübels haben ebensowohl Fehler in der Fabricationstechnik als auch mangelhaft gemachte Reparaturen schadhaft gewordener Gegenstände die Entdeckung dieses Verfahrens zur Folge haben können, sei es, dass durch falsches Abzählen der Fäden in der Weberei ein Verschieben der Mustertheile eintrat, sei es, dass durch das Zusammenkitten zerbrochener bemalter Gefäße oder durch das Zusammennähen carrierter Stoffe ein unrichtiges Anpassen der Theile die in jedem dieser Fälle unfreiwillige Ornamentcomposition hervorrief.

Es kann nicht verschwiegen werden, dass diese Theorie, so scharfsinnig und überzeugend sie für den ersten Blick erscheint, umsomehr den Charakter des Gewaltsamen erhält, je mehr fortgesetzte Forschungen die wirkliche und vollkommene Universalität der von ihr analysierten Ornamentmotive darthun. Schon gegenwärtig — also in den ersten Stadien systematischer, ethnologischer Untersuchungen — kann man nachweisen, dass Mäander und Kyma als Verzierungstypen über den ganzen Erdkreis verbreitet sind. Diese Formen treten auf, um nur einzelne Beispiele anzuführen, in Europa seit den Griechen und Römern ganz allgemein und in tausendfältiger Verwendung und Umgestaltung, in Amerika bei den Mexikanern, Peruanern, Brasilianern,· Arauaken, Pueblos, Zuñis, in Afrika bei den alten Ägyptern, von denen angeblich die Griechen diese Ornamentmotive erlernt haben sollen, in Asien bei den Indern, Chinesen und Japanern, bei den Koreanern, Tibetanern, Siamesen und bei den Dayaks auf Borneo, in Australien bei den Papuas auf Neu-Guinea u. s. w.

Für alle Völker den gleichen Zufall als Anreger ornamentaler Erfindungen gelten zu lassen, hat ebensowohl einerseits etwas für den menschlichen Geist Beschämendes an sich, als andererseits die Wahrscheinlichkeit einer solchen Annahme mit der wachsenden Zahl der constatierten Einzelfälle im umgekehrten Verhältnisse abnimmt.

Sollten wir es hier nicht vielmehr mit einer in wunderbarer Weise bis ins kleinste Detail übereinstimmenden künstlerischen Äußerung des Völkergedankens zu thun haben, die nothwendig allerorten in die Erscheinung treten musste, dem allgemeinen Gesetze der Causalität gehorchend?

Das Kreuz.

Unter allen symbolischen und ornamentalen Urmotiven darf wohl das Kreuz in seinen mannigfaltigen Gestaltungen als das am weitesten verbreitete und zu höchst in Ehren gehaltene angesehen werden; es ist ebensowohl als einfaches Decorativ wie als mystisches Zeichen, dem eine tiefere und häufig eine kosmogonische Bedeutung innewohnt, allen Völkern des Erdkreises bekannt. Überall, wo urgeschichtliche Forschungen betrieben werden, tritt seine Existenz in prähistorischen Perioden zu ungezählten Malen hervor, und die ethnologischen Untersuchungen erweisen stets von neuem, dass die verschiedenen Variationen des Kreuzzeichens den Naturstämmen durchaus geläufig sind. Der Umstand, dass manche dieser Bildungen als religiöse Symbole, als geheiligte Siegel geheimer Verbrüderungen, als magisch wirkende Gnadenzeichen oder als auf astronomische Vorgänge, auf den Kreislauf des Lebens und auf die ewige Unsterblichkeit hinweisende Stigmata bei oft weit auseinanderliegenden Völkerschaften die gleiche Verwendung und Bedeutung erlangt haben, lässt ebensowenig wie die allgemeine Verbreitung vieler anderer Urformen den Schluss auf eine Übertragung von Volk zu Volk nach Sinn und Form zu. Eine Erklärung für diese allerdings in höchstem Grade beachtenswerte Erscheinung kann nur darin gefunden werden, dass die Menschenseele auf allen Punkten der Erde durch die gleichen kosmischen Erscheinungen auf das mächtigste und nachhaltigste erregt wird, und dass, da der Drang zum Symbolisieren tief in der menschlichen Natur begründet ist, die einfachsten und am leichtesten darstellbaren Zeichen sich von selbst als die geeignetsten Symbole ergeben. Die elementarste dieser kreuzähnlichen Formen ist die den Hammer des Thor versinnlichende, im alten Runenalphabat enthaltene Gestalt des griechischen Tau, welche uns auf nordischen Inschriften, runenbedeckten Lanzenspitzen, auf Silberspangen aus der Wikingerzeit und theils unverändert, theils zum Doppelhaken oder Widderzeichen abgebogen, auf slovakischen Stickereien begegnet. Dieses Symbols wird an mehreren Stellen des alten Testamentes Erwähnung gethan. So heißt es, dass Jehova, um das auserwählte Volk vor der Unterdrückung, · die es an den Ufern des Nil erdulden musste, zu befreien, den Befehl gegeben habe, dieses mystische Zeichen an den Thüren der Gläubigen mit Lammblut aufzuzeichnen; eine ähnliche Verkündigung finden wir im Phropheten Isaias, und Ezechiel sagt in einer Vision: Gott schickte einen Mann aus, damit derselbe in der Stadt Jerusalem alle, die unter den Greueln Israels seufzten, auf der Stirne mit einem Tau kenntlich mache. Auch im neuen Testamente findet man viele Stellen, die darauf hinweisen, dass diesem Symbol eine hohe Bedeutung beigemessen wurde. Bei den ersten Christen fand das Auflegen des Siegels nicht bloß an der Stirne oder an den Händen, sondern auch auf den Ohren statt; ebenso wurde

das heilige Tau in vielen Fällen am Körper durch Aufprägen eines
glühenden Eisenstempels oder durch Tätowierung unauslöschlich als
sicheres Erkennungsmal in die Haut eingezeichnet. In den Katakomben
zu Rom findet man Porträte von Christen, die auf der Stirne das
mystische Zeichen tragen. Die Sorge um die persönliche Sicherheit und
vielleicht auch die Abneigung dagegen, sich eine Marke in die Haut
einbrennen oder einschneiden zu lassen, veranlassten jedoch die Bekenner
der neuen Christuslehre sehr bald, die Embleme ihres Glaubens auf die
Bekleidung zu übertragen, wie dies aus den Darstellungen in den
Katakomben von S. Calisto hervorgeht. Man findet das Tau auf den
Gewändern, auf Schmuckgegenständen, Amuleten, auf Särgen und Leichen-
steinen; ebenso auf jüdischen Münzen der Makkabäer und auf dem Gelde
des Herodes.[1]

Gleichwie man die Kreuzform bei den verschiedensten Völkern
alter und neuer Zeit als ein Symbol von mystischer Bedeutung und
besonderer Heiligkeit antrifft, und wie schon lange vor der Begründung
des Christenthums die Ägypter sich dieses Zeichens bedienten, war dasselbe auch bei den Ureinwohnern Amerikas vor der Entdeckung durch
Columbus in ganz allgemeinem Gebrauche. „Certain it is, that the same
astonishment as was exhibited by the Spaniards when they discovered
the Cross in America was also exhibited by the Christians at a very
early period in ecclesiastical history when they found it frequently
recurring among the hieroglyphics of Egypt."[2] Wenn schon angenommen
und theilweise auch nachgewiesen werden kann, dass mit der Kreuz-
gestalt häufig auf astronomische oder meteorologische Erscheinungen
hingewiesen werden sollte, so ist doch sicher, dass dieses Zeichen in
zahllosen Fällen auf den verschiedensten Punkten der Erde ohne jede
religiöse oder metaphysische Beziehung als bloßes Decorativ zur Darstellung gelangt. Wegen der Einfachheit seiner Form und wegen der
Mühelosigkeit, mit der es auch ohne eigentliche Zeichenfertigkeit von
jedem leicht dargestellt zu werden vermag, konnte das Kreuz eine so
allgemeine Verbreitung und eine so vielfache Anwendung finden, und
es wäre ebenso unsinnig, dasselbe dort, wo es in kindlichen Kritzel-
versuchen eines tief stehenden Volkes den ersten Regungen des primitiv
artistischen Triebes entspringt, mit einer symbolischen Würde zu um-
kleiden, als ob man aus der Kreuzform der in der Rechenkunst gebräuchlichen Additions- und Vervielfältigungszeichen tiefer gehender Schlüsse über
deren mystischen Charakter ableiten wollte. Alexander v. Humboldt hat,
als er vor Encaramada am Orinoco in unzugänglicher Höhe jene Felsritzungen
entdeckte, welche nach der Indianertradition Amalivicas, der Stammvater

---

[1] Interessante Abbildungen dieser Münzen sind enthalten in dem Werke von
P. Hochart, Etudes d'histoire religieuse. Paris 1890.

[2] Crux-Ansata, London 1889; pag. 68.

der Tamanaken, hinterlassen haben soll,[1] schon der übermäßigen
Sucht des Herausklügelns und Hineinspintisierens eine Grenze gezogen:
„Man vergesse nur nicht, dass Völker sehr verschiedener Abstammung
in gleicher Roheit, in gleichem Hange zum Vereinfachen und Verall-
gemeinern der Umrisse, zur rhythmischen Wiederholung und Reihung
der Bilder durch innere geistige Anlage getrieben, ähnliche Zeichen
und Symbole hervorbringen können." (Ansichten der Natur I, 239.)

Andree führt in seinen „Parallelen" auf mehreren Tafeln eine
große Anzahl von Petroglyphen vor, unter welchen sich viele von der
Gestalt des Kreuzes befinden, so auf Tafel II von der Insel Ferro, von
Guyana in Südamerika; auf Tafel III von Peru (darunter das mystische
Handhabenkreuz „Crux-Ansata"); auf Tafel IV von Pueblo pintado; auf

Fig. 7. Erdwerk in Gestalt eines Kreuzes. Pickaway County, Ohio.

Tafel V von Utah, Massachusetts und Rio de Zuñi etc. Brown, der
viele Felsbilder British-Guyanas gesammelt hat, die dort dem großen
Geiste Makunaima zugeschrieben werden, glaubt dieselben auf einen
besonderen Specialcultus zurückführen zu können, der Botaniker Berthold
Seemann findet sich wegen der Ahnlichkeit der in Northumberland und
auf dem Isthmus von Darien in Mittelamerika entdeckten Steinritzungen
zu der Annahme eines Verkehres über die angeblich seither unter-
gegangene, Europa mit Amerika verbindende Insel Atlantis veranlasst,
und der deutsche Naturforscher O. Löw, welcher bei Benton in Süd-
californien unter verschiedenen hieroglyphischen Inschriften das chinesische Siegel für to, Erde $\pm$ bemerkte, vermuthet, „dass wir hier ein
Zeichen von der Anwesenheit asiatischer, etwas mit der chinesischen
Schrift vertrauter Völker vor uns haben" (Petermanns Mitth. 1877, 138;
vgl. R. Andree, l. c. pag. 290). Durchaus Schlüsse, welche, wenn man

[1] Richard Andree, Ethnographische Parallelen und Vergleiche. Stuttgart 1878,
pag. 274.

die universelle Verbreitung der in Rede stehenden Typen ins Auge
fasst, in nichts gerechtfertigt erscheinen. Als die christlichen Eroberer
in Mexiko das Kreuz auf den heidnischen Tempeln und Altären staunend
erblickten, kamen sie zunächst auf die Idee, die Übertragung dieses Symbols
nach dem Westen dem heiligen Apostel Thomas zuzuschreiben; nachdem sie aber an denselben Altären Zeugen der blutigen und grausamen
Menschenopfer waren, hielten sie diese ihr gläubiges Gefühl empörende
Zusammenstellung für einen tollen Spuk des bösen Geistes. In Wahrheit hat das Vorkommen des Kreuzes in Amerika wenig Wunderbares
an sich; es war daselbst von altersher eines jener Symbole, deren sich
die Urbevölkerung in ihrer primitiven Naturverehrung bediente, und
nahm darin ungefähr dieselbe Stellung ein, wie der Kreis, der Kreis-

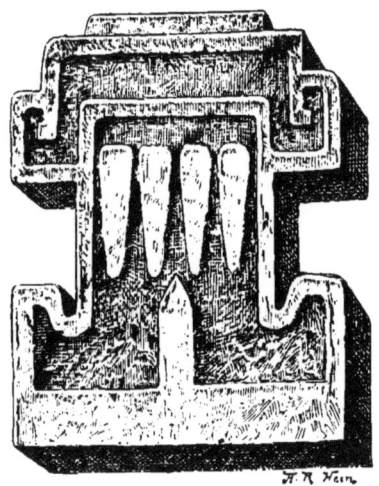

Fig. 8. Das Kreuz von Teotihuacan.

ring oder andere geometrische Elementarformen. Der Kreis war nach
den Ausführungen S. D. Peets das Sonnensymbol, das Kreuz war das
Symbol der Winde, das Quadrat zeigte die vier Himmelsrichtungen an
und der Kreisbogen versinnlichte den Mond.[1] In der Nähe der Stadt
Tarlton in Pickaway county in Ohio, 18 Meilen nordöstlich von Chilli-
cothe, befindet sich ein Mound, d. i. eine Erdanschüttung, in Gestalt
eines kolossalen griechischen Kreuzes, worüber Squier und Davis in
ihren „Ancient Monuments" berichten. (Fig. 7.)
Dieses Erdkreuz, welches sich etwa 1 Meter über die ebene Thal-
sohle erhebt, misst von einem Ende zum andern fast 30 Meter; in der
Vierung befindet sich eine kreisförmige Vertiefung, 7 Meter im Durch-

---

[1] S. D. Peet, The Cross in America. The American Antiquarian, vol. X. Chicago
1888, pag. 293.

messer und ¹/₂ Meter tief. Die Richtung der Kreuzbalken correspondiert mit den vier Weltgegenden. Unmittelbar neben dem Kreuze ist ein kreisförmiger Altar aus Steinen errichtet.

Bei den Delawaren ergibt sich die Beziehung des Kreuzes zu meteorologischen Erscheinungen aus einem eigenthümlichen religiösen Gebrauche; in Zeiten der Dürre zeichnen die „Regenmacher" große Kreuze in den Sand und rufen sodann den Regengott an, damit dieser die befruchtende Entladung der Wolken bewirke.

Sehr zahlreich sind die Kreuzformen, denen man in den Petroglyphen der Indianer und in den amerikanischen Codices begegnet. Die

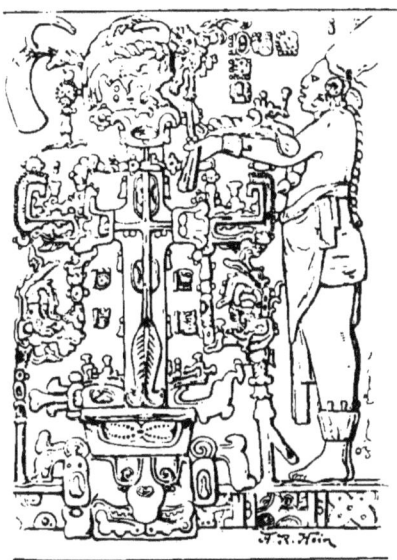

Fig. 9. Das Kreuz von Palenque.

hieroglyphischen Darstellungen in den Codices sind größtentheils symbolischer Natur, aber da sie eine systematischere Verwendung zeigen, sind sie leichter zu enträthseln als die Felsenzeichnungen, denen sie übrigens mit Bezug auf den zur Offenbarung gelangenden Ideenkreis völlig analog sind. Hierher gehören der Codex Cortesianus oder das Tableau des Bacab, der Codex Peresianus, das Manuscript Troano, der Dresdener Codex, der Codex Borgianus und der Fejervary Codex. Wir finden in diesen Codices die Symbolisierung der vier Weltgegenden, von denen jede ihre eigene Farbe hat: Osten gelb, Westen weiß, Norden schwarz und Süden roth; außerdem wird die Vierzahl auf die Jahreszeiten, auf die Elemente, auf die Menschenalter und auf die vier Hauptepochen der Genesis bezogen. Den graphischen Ausdruck für diese Beziehungen versuchte man in verschiedenen Kreuzformen zu versinu-

2*

lichen, wovon manche mit dem kreisförmigen Sonnensymbol zusammengestellt wurden. Die mexikanische Hieroglyphe für den Begriff „Tag" war ein Kreis mit einem demselben eingeschriebenen Kreuze.

Eine eigene Classe bilden die großen in Stein ausgeführten Kreuze, welche in Mexiko und in den alten Städten von Yucatan entdeckt wurden; dieselben sind ausnahmslos auf die Versinnlichung astronomischer und meteorologischer Vorgänge zurückzuführen.

Hamy hat in seiner Untersuchung über das Kreuz von Teotihuacan (Fig. 8) in sehr scharfsinniger Weise nachgewiesen, dass dasselbe ein Sinnbild des von den Tolteken verehrten Regengottes Tlaloc, ein Symbol des befruchtenden Regens war und dass das Kreuzzeichen in Centralamerika ganz allgemein mit ähnlichen Vorstellungen verknüpft wurde. [1] Das Vorkommen des Kreuzes in den Kunstarbeiten der dort ansässigen Völker ist ein überaus häufiges. Man kennt daselbst einfache Kreuze, Kreuze in verschiedener Modifica tion der Form, Kreuze in Verbindung mit der Schlangengestalt, Kreuze, welche in der Silhouette eine baumartige Gliederung aufweisen. Beispiele dafür sind der schlangengeschmückte, kreuzförmige Basaltmonolith im Museo nacional in Mexiko, die baumförmigen Kreuze in den beiden Sanctuarien von Palenque, die Kreuze von Tianguiztepec, von Uzumacinta, das Humboldtkreuz aus dem Codex Vindobonensis u. A. Wie wenig sich die Spanier mit dem Gedanken befreunden konnten, diese Kreuze als heidnische Erfindung gelten zu lassen, geht daraus hervor, dass die Auffindung kreuzförmiger Monumente die Idee eines primitiven Apostolats veranlasste und die Schriftsteller aus der Zeit der Eroberung zu der Annahme verleitete, der heilige Thomas und der heilige Mathias hätten — selbstverständlich in vorcolumbischer Zeit — die Christuslehre und damit auch das Kreuz nach Amerika gebracht. In Übereinstimmung mit dieser Annahme setzten denn auch die Spanier die aufgefundenen und für heilig gehaltenen, altheidnisch-mexikanischen Kreuze zur öffentlichen Verehrung aus. So wissen wir, dass ein hölzernes Kreuz, welches in einer schwer zugänglichen mixtekischen Höhle gefunden und mit Mühe an das Tageslicht geschafft worden war, in Tonala zum Gegenstande eines eifrigen Specialcultus wurde; ein ähnliches altes Kreuz verwahrte man in Puebla, und das Kreuz von Guatulco, welches der Bischof Don Juan de Cervantes nach Oaxaca schaffen ließ, wurde daselbst noch im vorigen Jahrhundert heilig gehalten.

Ein kolossales Kreuz aus blaugrauem Porphyr, 10 Fuß hoch und 6 Fuß breit, fand man 1790 in der Plaza Mayor in Mexiko, über welches

---

[1] „Dans toutes ces localités largement disséminées à la surface du pays, les croyances populaires faisaient de monuments cruciformes les emblèmes de la même divinité. C'était toujours Tlaloc qu'on adorait, Tlaloc, dieu de la pluie, de l'orage qui la produit et de la montaigne ou elle prend naissance." E. T. Hamy, La Croix de Téotihuacan au Musée du Trocadéro. Revue d'Ethnographie. Tome premier. Paris 1882, pag. 413.

Gama zuerst die Ansicht aussprach, dass es wahrscheinlich die aztekische Todesgöttin darstelle; thatsächlich ist es eine phantastische Combination, in welcher verschiedene Göttergestalten und Symbole vorkommen. So Huitzilopochtli, der Gott des Krieges, und Mictlantecutli,
der Gott der Unterwelt; außerdem Schlangen, einzelne Hände, Zähne
und seltsam verschlungene Ornamente; aus der Mitte des kreuzförmigen
Idols grinst dem Beschauer ein mit schauerlichem Raffinement aus-
geführter Todtenschädel entgegen.

Das bekannteste und bemerkenswerteste von allen Kreuzen der
Neuen Welt ist jenes, welches im Tempel von Palenque gefunden wurde.
(Fig. 9.) Die Relieftafel, welche es enthält, besteht aus drei Stücken
und bedeckt fast die ganze Rückwand des Raumes; an diesem Platze
scheint das wichtigste Heiligthum der Maya-Religion gewesen zu sein.
Die Darstellung zeigt zwei Priester, welche sich dem Kreuze in opfern-
der Stellung nahen; sie sind wohl proportioniert und von feiner Ausführung; Anlage und Auffassung erinnern einigermaßen an die Götter-
statuen aus dem alten Ägypten. Das Kreuz wird von einem Thierkopfe
getragen, welcher wahrscheinlich irgend eine Naturkraft versinnlichen
sollte. Der Vogel an der Kreuzspitze erinnert an den Donnervogel,
welchem man an der Nordwestküste Amerikas so häufig begegnet; an
seinem Schweife ist ein Medaillon befestigt, welches möglicherweise
als ein Sonnensymbol gedacht war. Der Decor dieses Kreuzes besteht
zumeist aus Kriegsemblemen, woraus vielleicht geschlossen werden darf,
dass der ganze Altar zu Ehren des Kriegsgottes errichtet wurde.

Das Hakenkreuz.

Der Mäander, das Zinnenband, das Zickzackband und die ver-
schiedengestalteten Kreuz- und Hakenkreuzformen gehören zu den
häufigsten und bemerkenswertesten Erscheinungen der prähistorischen
Ornamentik und man kann das Auftreten ebenderselben Typen in der Verzie-
rungskunst der Naturvölker unmöglich als ein Spiel des Zufalles betrachten.
Der primitive Decor ruht überall, wo die auf das Ästhetische gerichteten
Bestrebungen sich aus elementaren Anfängen zu entwickeln beginnen,
auf verwandten Voraussetzungen. Gleicherweise wie das Verlangen nach
Schmuck und künstlerischer Bethätigung sich schon mit den ersten
Regungen der Cultur im Leben der Völker als eine unabweisliche Natur-
nothwendigkeit äußert, wird auch die Übereinstimmung in den frühesten
Schöpfungen, welche dem Kunsttriebe ihre Entstehung verdanken, auf
die Organisation des menschlichen Geistes selbst zurückgeführt
werden müssen. Das Hakenkreuz (vgl. Fig. 10) gehört zu den ältesten
und häufigsten Symboltypen Indiens, wo es je nach der Richtung seiner
Haken Svastika oder Sauvastika, in einer bestimmten reicheren Aus-
bildung auch Nandyavarta genannt wird; vielfach wurde — wohl irr-

thümlich — Indien als die eigentliche Urheimat des Hakenkreuzes angesehen. Seine Verbreitung ist in Wahrheit eine universelle und sie erhält sich durch die Jahrtausende von den vorgeschichtlichen Zeiten bis in unsere Tage; eine directe Übertragung von Indien aus konnte bisher nur in den wenigsten Fällen nachgewiesen werden. „Identität der Formen beweist in der Archäologie ebensowenig Identität des Ursprunges, wie Identität des Lautes eine solche in der Etymologie beweist."[1]

Bei den Buddhisten und bei den Dschainas bedeutet das Hakenkreuz immer ein heiliges, Glück weissagendes Zeichen, und es findet sich als solches im Râmâyana angeführt, wo erzählt wird, dass Bharata ein Schiff mit dem Svastikamuster wählte; unter den 65 Symboltypen im Fußabdrucke Buddhas, die sämmtlich Glück bedeuten, wird dem Svastika die vornehmlichste Wirksamkeit zugeschrieben. Svastika-karna

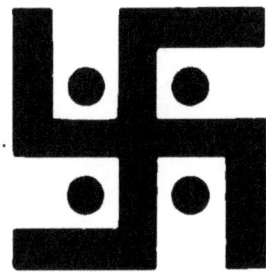

Fig. 10. Schutzmarke für das dänische Bier von Ny Carlsberg in Kopenhagen. Modern.

heißt „mit einem Svastika am Ohr gezeichnet." welcher Ausdruck daher rührt, dass in Indien das Hakenkreuz zum Markieren des Viehes verwendet wurde, svahastasvastika-stani bedeutet ein Weib mit gekreuzten Armen. Suparswa, der siebente von den 24 Tirthankaras oder Propheten der Dschainasecte, hat das goldene Svastika, Aranatha hat das Nandya-varta zum Abzeichen. Dem Numismatiker Thomas gelang es, nachzuweisen, dass das indische Hakenkreuz auf den Andhramünzen den Begriff „Sonne" versinnlicht, und wir dürfen in diesem Zeichen daher wohl mit Recht ein Sonnensymbol, d. h. ein natürliches Licht-, Lebens-, Gesundheits- und Reichthumssymbol erblicken. Burnouf erklärt das Svastika als eine Darstellung des Instrumentes, womit das heilige Feuer (Agni) durch Reibung hervorgebracht wurde; Schliemann fand das Hakenkreuz viele hundertmal auf Thonscherben und Thonwirteln der dritten oder verbrannten Stadt von Hissarlik, sowie in Mykenae; es ist sehr häufig in den Wandgemälden Pompejis und kommt z. B. in einem einzigen pompejanischen Hause in der Vesuvstraße über 160mal vor; mir ist es in den

[1] Max Müller in Schliemann, Ilios. Leipzig 1881, pag. 391.

verschiedensten Localitäten und in verschiedenartigster Verwendung
bekannt; so auf Gebrauchsgegenständen von Siam, Annam, Tibet und
Japan, auf chinesischen Särgen, Feuerwaffen, Fahnen und mannigfachen
Kunstgegenständen, in alten Hindutempeln, auf hittitischen Alterthümern,
auf Bildnisfiguren der asiatischen Venus, im Decor orientalischer Tep-
piche, in arabischem Holzgetäfel, auf einer gemalten Bildtafel von den
Nikobaren im Wiener Hofmuseum, auf Schilden von Borneo, auf Bein-
schnitzereien von den Markesasinseln, auf afrikanischen Petroglyphen,
auf im Jahre 1874 im Aschantikriege von Capitän Eden erbeuteten
Bronzen von Kumassi im Innern der Goldküste von Afrika, auf uralten
athenischen und korinthischen Vasen, auf prähistorischen Vasen in Ungarn
und Siebenbürgen, auf keltischen Graburnen, auf alter Topfware von
Königsberg, auf Münzen von Leukas, Syrakus, Gaza und Iberia, auf

Fig. 11. Wirbelornament an dem Innenraum eines Schöpflöffels der Pueblos.

prähistorischen Bronzefibeln, Armspangen und Waffen, auf verschiedenen Funden im Kaukasus, auf alten runenbedeckten Lanzenspeeren,
auf russischen Metallwaren, in dem großen Mosaik des königlichen
Schlosses zu Athen, in den römischen Katakomben, auf der berühmten
Kanzel des heiligen Ambrosius zu Mailand, auf Kirchenglocken in England,
auf nordischen Armenkeulen, auf den Priestertrommeln von Lappland,
auf schwedischen Mangelhölzern, auf slavischen Ostereiern, auf Dach-
ziegeln in der Schweiz, in modernen Geweben, Goldarbeiten und Lampen-
ständern; neuestens bemerkte ich es bei Gelegenheit einer Gebirgs-
reise an den Außenwänden neugebauter Bauernhäuser im Salzburgischen,
wo die Mauerflächen vollständig damit überdeckt erschienen u. s. w.

Auch in Amerika ist die Anwendung des Hakenkreuzes im Decor
der Gebrauchsgegenstände und in religiösen oder mystischen Darstellungen
häufig, und wir finden zahlreiche Beispiele dieser Art in den keramischen Erzeugnissen der alten Pueblos, auf den Gefäßfunden aus dem
Mississippigebiete, auf den Muschelritzungen der indianischen Urbevöl-

kerung, in den merkwürdigen Trockengemälden der Navajo-Indianer, in den Klapperinstrumenten der Wolpi u. s. w.

Die alten Pueblos, deren Hauptniederlassungen wir in den Thälern des Rio Colorado suchen müssen, von deren keramischen Kunstleistungen uns jedoch Überreste auch im Arkansas, am großen Salzsee, am Rio Grande und in den Tafelländern von Chihuahua und Sonora erhalten sind, verfügten über eine hochentwickelte Gefäßornamentik, welche unser Erstaunen in um so höherem Maße hervorruft, als sie mit einer eigenthümlichen Herstellungstechnik gepaart war. Die Pueblos benützten keine Töpferscheibe, sondern fertigten ihre Gefäße aus freier Hand in der Art, dass sie den Thon zu langen strickähnlichen Walzen ausrollten und sodann, vom untersten Punkte des Gefäßes beginnend, die ganze Form desselben in einer einzigen Spiralenwindung aufbauten. Diese, verschiedenen Indianerstämmen geläufige Technik gab zur primitiven Ornamentation durch Fingereindrücke vielfache Gelegenheit, wir finden aber auch auf Pueblogefäßen von glattgestrichener Oberfläche ebenso geschmackvollen als wohlausgeführten polychromen Decor, und unter

Fig. 12. Prähistorisches Gefäß aus dem Arkansas.

den daselbst auftretenden Verzierungstypen neben mäandrischen Linienzügen, Spiralengängen und Zickzackreihen — häufig wohl auch mit diesen combiniert — Hakenkreuze und hakenkreuzähnliche Bildungen.[1]

Ein sehr ansprechendes Beispiel dieser Art, welches die Wirbelbewegung des Hakenkreuzes, das diese Form vor allem charakterisierende Rotationsbestreben in durchaus origineller Weise ausspricht, sehen wir in Fig. 11, welche die Verzierung des Innenraumes eines bemalten Schöpflöffels darstellt. Die fortlaufenden Bandreihen lassen in der Mitte des Hohlraumes einen vierstrahligen Stern oder ein krummlinig begrenztes Kreuz frei; dieses ist jedoch, wie Holmes richtig bemerkt, „the result of accident".

In noch höherem Grade nehmen die prähistorischen Gefäße aus dem Mississippigebiete unsere Aufmerksamkeit in Anspruch, und darunter

---

[1] „The elements or motives are limited in number and are in a measure common to all archaic art. They embrace dots, straight lines, and various angular and curvilinear figures, which in their higher stages become checkers, zigzags, chevrons, complex forms of meanders, fretted figures, and scrolls, with an infinite variety of combination and detail." William H. Holmes. Pottery of the ancient Pueblos, fourth annual report of the Bureau of Ethnology. Washington 1886, pag. 303.

vornehmlich wieder diejenigen, deren Fundstätten längs des Arkansaslaufes liegen. Ich führe in den Fig. 12 bis 16 fünf besonders charakteristische Beispiele dieser Art vor:

Fig. 12. Eine henkellose, halbkugelförmige Vase mit weitem Halse, ohne jedes Relief; die Henkelansatzstellen markiert durch leicht eingegrabene Linien.

Fig. 13. Gefäß von der Gestalt eines Theetopfes, fast kugelförmig mit niedrigem Halse und einem Ausgussrohr; henkellos, jedoch an der Henkelansatzstelle schwach gebuckelt; zu beiden Seiten je ein kreisförmiger, seichter Eindruck, von welchen nach vier Richtungen die den bemerkenswerten Decor bildenden Curven auslaufen.

Fig. 14. Ein seltsam geformtes Gefäß; Körper und Hals zwar dem vorherbesprochenen ähnlich und ebenfalls henkellos, jedoch statt des Henkels einen hornartigen Auswuchs tragend, welcher sich gegenüber der (wahrscheinlich verstümmelten) Dille befindet. Das Curvenornament zu beiden Seiten ist in kräftigen Linien eingegraben.

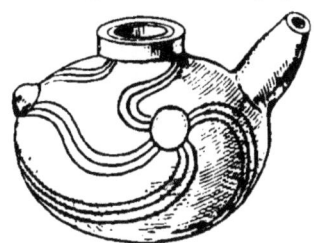

Fig. 13 Theekesselförmiges Gefäß aus dem Arkansas.

Fig. 15. Der Grundform nach den früher vorgeführten Beispielen entsprechend, zeigt dieses Gefäß eine verlängerte, mit einem phantastischen Thierkopfe geschmückte Dille. Das entgegengesetzte Gefäßende ist flachgedrückt, durchbohrt und hat einen schweifähnlichen Fortsatz; der Gefäßboden ruht auf vier Beinen. Der Decor besteht aus eingeritzten Curven, wie in den bereits besprochenen Fällen.

Fig. 16. Irdene Flasche, auf drei abgetreppten Beinen ruhend; ein dieser Formgebung entsprechendes (in Amerika häufiges, weil oft symbolisch gebrauchtes [1]) Stufenornament ziert den Hals des Gefäßes. Die ganze Oberfläche der Flasche ist mit rother und weißer Farbe in breiten Streifen bemalt, wobei die Curven am Gefäßbauche als dicke, weiße, erdige Paste aufgetragen erscheinen.

Vergleicht man die auf den fünf beispielsweise vorgeführten Gefäßkörpern theils eingeritzten, theils gemalten, freicurvigen Ornamente, so wird eine vorurtheilslose Betrachtung sofort ergeben, dass der Decor in

---

[1] „A stepped figure, resembling the Pueblo emblematic rim of the sky." William H. Holmes. Ancient Pottery of the Mississippi Valley. Fourth annual report of the Bureau of Ethnology. Washington 1886, pag. 420.

allen diesen Fällen im Wesen der völlig gleiche ist, und dass derselbe nur aus curvierten, spiralig verlängerten Hakenkreuzen besteht. Die krummlinig abgebogenen Arme und deren Verlängerung· zu einem zusammenhängenden Volutendecor ändern an dem Hakenkreuzcharakter der besprochenen Ornamente nicht das geringste. So wie schon längst der Spiralenmäander — die in weichem Flusse rhythmisch ansteigende und abfallende Woge — und der winkelig zusammengesetzte, geradegebrochene mäandrische Linienzug — der Mäander κατ' ἐξοχήν, als nach den Grundzügen ihres Aufbaues beurtheilt — völlig identische Ornamentmotive erkannt sind, ebenso kann das Abrunden der Hakenkreuzecken oder die spiralige Einrollung der Hakenkreuzenden die Auffassung dieser Decorations- und Symboltypen nicht beeinflussen. Überzeugende Aufschlüsse über die Reciprocität dieser einander so nahe verwandten geradlinigen und krummlinigen Bildungen erlangt man durch die Nebeneinanderstellung von in gleichem Sinne verzierten Objecten, deren Herstellung jedoch auf verschiedenartigen technischen Proceduren

Fig. 14. Prähistorisches Gefäß von Pecan Point, Arkansas.

beruht. Dabei ergibt sich, dass dieselben Ornamentmotive, welche auf Textilproducten — der Flecht- und Webetechnik entsprechend — eckig und geradlinig erscheinen, im gemalten Gefäßdecor, in Schnitzereien und Gravierungen freicurvig aufgelöst wiederkehren. Die stramme, aus dem Herstellungszwange resultierende Accuratesse textiler Erzeugnisse wird zu freiem Schwunge losgebunden in den Hervorbringungen der Malerei.

Vielfach scheinen Flechtwerkmuster zunächst u n v e r ä n d e r t in andere Techniken hinübergenommen worden zu sein; wir finden in prähistorischen Vasenmalereien nicht selten Ornamentmotive, welche in jedem Betracht ihre textile Abkunft bekunden (vgl. Fig. 17 und 18).

Erst bei öfterer Wiederholung brach, nachdem das bereits auswendig gelernte Motiv schon leicht und behende aus dem Pinsel floss, die der freihändigen Darstellung anhaftende Willkür durch, aus dem präcisen Flechtbande wurden zunächst unfreiwillig verkrümmte, weil mangelhaft gezeichnete gerade Linien, bis endlich das freie Transponieren in zwanglose Curven den textilen Charakter nach und nach gänzlich verwischte.

Es gehört mit zu den anregendsten Untersuchungen auf dem Gebiete der Ornamentanalyse — wozu uns die ethnographischen Museen und die Sammlungen von Alterthümern reichlich Gelegenheit bieten — die Umbildungen von Naturobjecten in geometrische Gebilde auf dem Wege des Stilisierens und umgekehrt die Auflösung der geometrischen Schemata durch Einführung derselben in eine freiere Technik zu verfolgen.

Cushing hat in seiner schönen Schrift über die Töpferei der Pueblos den Nachweis dafür erbracht, dass der symbolische Charakter, welcher bei diesem Volke mit der Anwendung des mäandrischen Linienzuges verknüpft war,[1] durch die Auflösung dieser Verzierung in Spiralengänge keineswegs alteriert wurde.

Ähnlich wie Schliemann in seinem Buche über Mykenae bei Gelegenheit der Besprechung einer Stele aus Kalkstein unter Berufung

Fig. 15. Prähistorische Vase von der Gestalt eines vierfüßigen Thieres.
Pecan Point, Arkansas.

auf eine Äußerung Dr. Schliés constatiert, dass die diese Stele überspinnenden Spiralen im Princip dasselbe sind „wie eine Füllung mit horizontal und vertical verknüpften geradlinig gebrochenen Mäandern,[2] versucht auch Holmes auf Grund der an den Alterthümern Amerikas gemachten Wahrnehmungen in glücklicher Weise die Verwandtschaft vieler der dort gebräuchlichen gerad- und krummlinigen Muster nachzuweisen; auf den symbolischen Charakter mancher dieser Formen eingehend, hält er es mit Fug für unrichtig, den Hang zum Symbolisieren

---

[1] „The Pueblo till to day believe the sand marks to be the tracks of the whirl-wind, which is a god in their mythology of such distinctive personality that the circling eagle is supposed to be related to him. They have naturally, therefore, explained the analogy above noted by the inference that their ancestors in painting the volute had intended to symbolize the whirlwind by representing his tracks." A study of Pueblo Pottery as illustrative of Zuñi culture-growth. By Frank H. Cushing. Bureau of Ethnology IV. Washington 1886. pag. 516.

[2] Dr. Heinrich Schliemann, Mykenae. Leipzig 1878. pag. 93.

als Ursache der Ornamentschöpfungen anzunehmen. Die Erfindung der Formen, zunächst in der künstlerischen Anlage des Menschen und in dem Drange nach einer Bethätigung des Kunsttriebes begründet, gieng allmählich aus unzähligen Versuchen hervor. Sie war vor allem sich selbst Zweck; erst nach der Unbefangenheit dieser ersten Periode, nach der naiven Freude am bloßen Verzieren trat der geistige Gehalt des Symbols hinzu. Aber die Symbolik erschuf nicht die vielen ornamentalen und geometrischen Urformen, welche sie später mit geheimnisvollen Beziehungen durchwob; sie adoptierte nur die schon vorhandenen und legte sie nach ihren Bedürfnissen aus: „geometric ornament is the offspring of technique.[1]

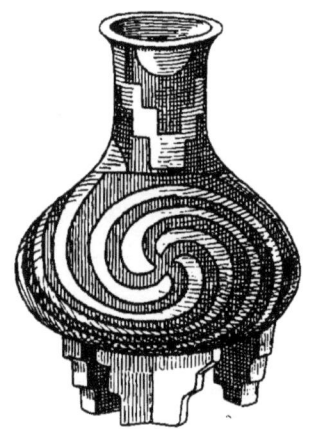

Fig. 16. Thonflasche mit dreifüßigem Untergestell. Arkansas.

Wenn die Resultate der Alterthumsforschung für Europa die Aufeinanderfolge einer Stein-, Bronze- und Eisenzeit feststellten, so tritt in der neuen Welt im Westen ein fremdartig anmuthendes Zeitalter ergänzend hinzu. Amerika kannte auch eine Muschelzeit.[2] Die Ausgrabungen in den Mounds, jenen kolossalen künstlichen Hügeln, welche sich — zuweilen riesige Thierformen versinnlichend — über eine oft mehr als hundert Acres umfassende Fläche erstrecken, haben große Massen von zum Theile sehr kunstvoll bearbeiteten Muscheln zu Tage gefördert, deren merkwürdige Ornamentation zu vergleichender Betrachtung anregt. Jene schattenhaften, von dem Dunkel vorgeschichtlicher Zeitperioden umwobenen Völkerstämme der Moundbuilders, welche seit mehr als

[1] William H. Holmes, Origin and developement of form and ornament in keramic art. Bureau of Ethnology IV, Washington 1886, pag. 465.

[2] „An age of shell, a sort of supplement to the age of stone." William H. Holmes, Art in shell of the Ancient Americans. Annual report of the Bureau of Ethnology vol. II, Washington 1883, pag. 186.

hundert Jahren die amerikanische Archäologie unausgesetzt beschäftigen, haben jenes Material, welches das Meer dem Küstenbewohner so mühelos zugänglich macht, sich auf eine bisher noch nicht völlig aufgeklärte Weise weit im Innenlande zu verschaffen gewusst, dasselbe augenscheinlich sehr hoch geschätzt und in dessen massenhafter Verarbeitung eine ganz eigenthümliche Muschelkunst geschaffen.

Die amerikanische Muschelzeit lässt sich geschichtlich nicht genau fixieren, und es ist heute ganz unmöglich, das Alter der uns aus jener Periode erhaltenen Reliquien auch nur annähernd zu bestimmen; so viel ist jedoch gewiss, dass die darin auftretenden künstlerischen Conceptionen uns weit zurückleiten zu den ursprünglichen Vorstellungskreisen längst entschwundener Tage. Die Gegenstände, welche man aus den alten Indianergräbern ans Licht förderte, zeigen größere und kleinere Seemuscheln in mannigfacher Verwendung; man fand Gefäße, Löffel, Messer, Schaber, Hacken, Waffen, Ackerbau- und Fischereigeräthe, welche entweder ganz oder zum Theil aus jenem Material angefertigt worden waren. Der Brauch, Muscheln zu verzieren und ornamentierte Muscheln

Fig. 17. Flechtwerkdecor mit hakenkreuzartiger Mittelfüllung. Vom Amazonas, Südamerika.

als Zierat zu tragen, scheint sich bei den Indianerstämmen seit den ältesten vorcolumbischen Zeiten durch viele Jahrhunderte erhalten zu haben, worüber die Zeugnisse verschiedener Schriftsteller Aufschlüsse geben.

Lawson, welcher Nord-Carolina um das Jahr 1700 bereiste, berichtet hierüber: „The Indians oftentimes make of a certain large sea-shell a sort of gorge, which they wear about their neck in a string, so it hangs on their collar, whereon is sometimes engraven a cross or some old sort of figure which comes next in their fancy"; Beverly bestätigt diese Wahrnehmung in seiner „History of Virginia", und Adair erzählt in der „History of the American Indians", dass die Priester verzierte Brustplatten trugen, die aus der Schale der weißen Conchamuschel gemacht waren.[1] Die in der Art ihrer Ornamentation auffälligsten prähistorischen

[1] Cyrus Thomas, The Cherokees in pre-columbian times. Science, a weekly newspaper of all the arts and sciences. New York 1890. pag. 325.

Fundstücke stammen aus den Mounds von Tennessee; das beliebteste
Material scheint Busycon perversum gewesen zu sein, „which is desig-
nated in common parlance a conch".[1]
Man findet unter den Verzierungen dieser Muschelstücke das Kreuz,
das Hakenkreuz, das Triquetrum, verschiedene Wirbelformen, concentrische Kreise und nicht selten auch mit diesen Elementen in Beziehung
gebrachte Thiergestalten, Vögel, Spinnen, Schlangen. Alle diese Formen
scheinen einen auf astronomische Vorgänge gerichteten Ideeninhalt auszusprechen. Der Mehrzahl nach sind es Ornamentsymbole, welche auf
einen ausgebildeten Sonnencult zurückgehen. In vielen erblickt man
eine Centralsonne, umgeben von Sonnenzirkeln, welche die Jahreszeiten
vorstellen, ihrerseits wieder umringt von Punkten oder Kreisringen,
welche ein vollständiges Kalendarium abgeben. Solchergestalt bilden
dieselben ein Analogon zu den bekannten mexikanischen Sonnenzirkeln,
welche dieselbe Anordnung zeigen. Diese auffällige Verwandtschaft hat
zu allerlei Vermuthungen Anlass gegeben: Entweder waren — so schloss

Fig. 18. Gemalter Decor an einer alten Pueblo-Vase. Nordamerika. Freie Nachbildung.

man — die Moundbuilders eine degenerierte Race desselben Völker-
stammes, oder sie entlehnten Idee und Ausdrucksweise von den höher
cultivierten Mexikanern, oder diese Formen und Gedanken sind Über-
bleibsel aus einer fernen Zeit, in welcher möglicherweise alle die später
zerstreuten Stämme Amerikas einer gemeinschaftlichen höheren Cultur
theilhaftig gewesen sind.[2]
Ich finde solchen Hypothesenstreit gegenstandlos. Es ist erwiesen,
dass der Sonnendienst, wie fast in allen Theilen der Erde, in ganz
Amerika verbreitet war. Der symbolische Ausdruck desselben ist daher,
wie überall, auch hier ganz gut und ohne directe Übertragung erklär-
lich. Daher kann uns das Vorkommen des Kreuzes oder des Hakenkreuzes nicht wundernehmen, besonders wenn wir die universelle
Verbreitung dieser Formen im Auge behalten.[3]

---

[1] Cyrus Thomas, The Cherokees in pre-columbian times, l. c. pag. 325
[2] S. D. Peet, The Cross in America. The American Antiquarian. Chicago 1888,
pag. 299.
[3] „In Mexico, Paraguay, Peru, among the Maya race in Central-America, and the
Azteks, Quinamies, Zapatecas, and the inhabitants of the ruined cities of Zaputero and

Ein einfaches Kreuz mit Kreisringreihen zeigt Fig. 19, Nr. 1; es stammt aus einem alten Grabe in Upper Sandusky vom Ohio.

Fig. 19, Nr. 2. Ornament von einem Halsschmuck aus einem Mound in Fains Island, Tennessee.

Fig. 19, Nr. 3. Ornament von einem Halsschmuck aus einem Mound in Lick Creek, Tennessee; gegenwärtig im Peabody-Museum. Die Füllung der kreisförmigen Platte bildet ein Kreuz; in der Vierung desselben wird das Rotationsbestreben durch einen Zweischenkel charakterisiert.

Fig. 19, Nr. 4 und 5. Muschelverzierungen aus den Mounds von Tennessee. Formen, welche zwischen Hakenkreuzen und Malteserkreuzen die Mitte halten. Die Wirbelbewegung tritt deutlich hervor.

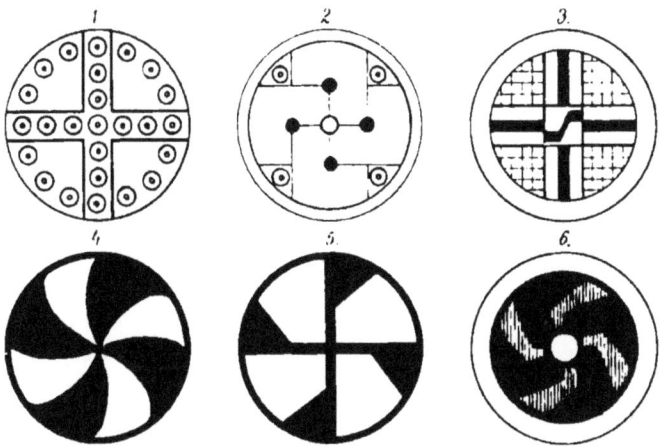

Fig. 19 Ornamentsymbole auf prähistorischen amerikanischen Muschelfunden.

Fig. 19, Nr. 6. Ornament an einer Muschelscheibe von Brakebill Mound in Tennessee. Ein klar ausgebildetes Hakenkreuz.

Viele Anzeichen beweisen, dass den Moundbuilders ein ausgesprochener Sonnendienst eigen war, und die symbolischen Darstellungen, welche man auf den Muschelfunden von Tennessee und Georgia angetroffen hat, würden eine Mythologie ähnlich jener der Zunis bei ihnen voraussetzen lassen. Manche halten dafür, dass jene räthselhaften Völker dem Stamme der Cherokesen angehört haben,[1] andere schreiben sie dem Stamme der Natchez zu,[2] alle Schriftsteller aber sind in dem

St. Ulloa, the Cross was venerated as a sacred symbol". Richard Vaux, Some Thoughts on the Sun and Cross Symbols. Proceedings of the American Philosophical Society. Philadelphia 1889, vol. XXVI, pag. 480.

[1] Cyrus Thomas, The Cherokees in pre-columbian times, Science 1890, pag. 325.

[2] „They have been ascribed to the Cherokees; though they may have belonged to the Natchez. The Natchez were sun worshippers and possessed an elaborate symbolism." S. D. Peet, The Cross in America. The American Antiquarian, Chicago 1888, pag. 300.

Punkte einig, dass die merkwürdigen Ornamentformen, welche wir an den Arbeiten derselben antreffen, als astronomische Zeichen zu betrachten seien. Jeder Gedanke fand ursprünglich in einem Zeichen seinen Ausdruck und die Alphabete aller geschriebenen Sprachen sind von Anfang her nur aus einzelnen Symbolen zusammengesetzt. Seine Gedanken mitzutheilen, auszusprechen, niederzuschreiben war dem Menschen zu jeder Zeit unabweisliches Bedürfnis. Als erstes Mittel hierzu diente ihm das Symbol.[1] Die mächtig auf die Phantasie einwirkenden astronomischen und meteorologischen Erscheinungen, welche zu scheuer Verehrung der dem primitiven Menschen doppelt geheimnisvollen Naturgewalten anregten, begrenzten den Ideenkreis jener symbolischen Darstellungen auf Sonne, Mond und Sterne, auf Wind und Wetter. Die Indianerstämme des prähistorischen Amerika hatten, so viel man heute weiß, eine allen gemeinsame Mythologie oder wenigstens gleichartige astronomische Vorstellungen; aus diesem Grunde war die symbolische Ausdrucksweise bei den verschiedenen Stämmen so nahe verwandt, dass sie von Stamm zu Stamm verständlich blieb, auch dort, wo die Sprache verschieden gewesen sein sollte.

Die Mittel zum Nachweise dieser Beziehungen, sowie die Behelfe zur Entzifferung jener mystischen Zeichen verdanken wir der vergleichenden Betrachtung der uns erhalten gebliebenen Überreste. Die Zusammenstellung der in den Indianerbüchern, in den „Dakota Calendarien", in den Felsenzeichnungen und unter den Grabreliquien aufgefundenen Symbole hat ergeben, dass neben dem Kreise, dem Kreisbogen und dem Kreisringe das Kreuz eines der beliebtesten jener astronomischen Zeichen war und dass dasselbe als Sonnensymbol oder als Wettersymbol in Verwendung stand. Ein schönes Beispiel dieser Art bietet die Brustplatte, welche Mr. Buchanan auf einem alten Gräberplatze der Coopersfarm in Nashville ausgegraben hat;[2] obzwar schon zum Theile verwittert, zeigt dieses Muschelstück ein mit großer Sorgfalt und Sauberkeit in durchbrochener Arbeit ausgeführtes griechisches Kreuz, dessen Kanten so scharf und rein sind, als ob es mit den besten Metallwerkzeugen hergestellt worden wäre. Eine andere Muschelplatte, gefunden in Saint Clair County in Illinois auf dem Brustbeine eines menschlichen Skelettes, enthält die sehr naturgetreue Darstellung einer Spinne, deren Rücken mit einem hakenkreuzartigen Ornamente geschmückt ist.[3]

---

[1] „The sign was made to represent an impression on the consciousness. This sign or symbol, is either the impression produced by natural objects, or it is an expression of a revelation, crystallized on that impression." R. Vaux, Some Thoughts on the Sun and Cross Symbols, Proceedings of the American Philosophical Society. Philadelphia 1889, vol. XXVI, pag. 476.

[2] G. P. Thruston, The Antiquities of Tennessee. Cincinnati 1890, pag. 380, Fig. 232.

[3] Holmes, Art in shell of the Ancient Americans. Bureau of Ethnology. vol. II, Washington 1883, pag. 287, Pl. LXI, Fig. 3. Parallelen hierzu auch in The American Antiquarian. Chicago 1888, pag. 301 und 302, Fig. 13 und 14.

In noch höherem Grade erregen diejenigen Muschelstücke unser Interesse, welche das **Triquetrum** in ihrem Decor aufweisen. In Fig. 20 sehen wir ein interessantes Beispiel dieser Art aus Nashville in Tennessee. Dasselbe, augenscheinlich aus der Schale eines großen Exemplars von Busycon perversum angefertigt, wurde in der Nähe des Schädels eines bereits sehr zerfallenen menschlichen Gerippes aufgefunden. Der Kreisring im Centrum der Platte enthält das Triquetrum, dessen gekrümmte Schenkel aus drei kleinen Ringen hervorzugehen scheinen. Mr. Holmes nennt diese Figur „a rosette of three involuted lines",[1] aber es kann gar keinem Zweifel unterliegen, dass wir es hier mit einem wirklichen Dreischenkel zu thun haben, der an dieser Stelle, wie überall, wo er sonst noch vorgefunden wurde, eine rotierende Bewegung auszudrücken bestimmt ist. Diese Annahme, welche wohl auch durch die das

Fig. 20. Muschelscheibe mit einem Triquetrum ; von einem Mound bei Nashville, Tennessee.

Triquetrum umgebenden Kreisringe eine Kräftigung erfährt, erscheint besonders plausibel, wenn man einzelne Brustplatten dieser Art betrachtet, welche auf der Rückseite bearbeitet sind. Hier wiederholt sich nämlich (vgl. Fig. 21) nur der centrale Decor, d. h. von der ganzen auf der Vorderseite angebrachten Verzierung verbleiben nur die drei um den Mittelpunkt herum in gleichem Sinne gekrümmten Schenkel, welche die Drehbewegung in anschaulicher Weise versinnlichen. Diese sehr beachtenswerte Erscheinung beweist nach meiner Meinung ganz unwiderleglich, dass die durch die Schenkel des Triquetrums hervorgerufene Vorstellung einer Rotation den der ornamentalen Darstellung eigentlich zugrunde liegenden symbolischen Ideengehalt der Hauptsache nach im Geiste der Verfertiger allein schon deutlich genug ausspreche. Einen sinn-

---

[1] Art in Shell. l. c. pag. 273.

verwandten graphischen Ausdruck der Rotationsidee, also eine gleiche oder naheverwandte astronomische oder meteorologische Symbolik finden wir in einer größeren Anzahl gravierter Muschelplatten, welche Hakenkreuze enthalten, an denen die Hakenkreuzenden durch in.gleichem Sinne gedrehte Vogelköpfe zur Darstellung gelangten. Ich greife aus einer größeren Zahl nur zwei besonders charakteristische Beispiele heraus. Fig. 22, eine Brustplatte aus Wayne County, nahezu identisch mit dem bei Holmes „Art in Shell, in Pl. LVIII abgebildeten Muschelschmuckstücke vom Mississippi, enthält im Centrum ein gleicharmiges, von einem in sich geschlossenen Bande umgebenes Kreuz und vier Vogelköpfe, welche das Hakenkreuz nach Form und Rotationsbestreben deut-

Fig. 21. Rückseite einer gravierten Muschelplatte aus Nashville, Tennessee.

lich versinnlichen. Fig. 23, eine Muschelplatte aus Tennessee, trägt im Centrum anstatt des Kreuzes einen Kreisring, ist aber im übrigen dem vorher Genannten fast völlig analog. Dass hier Vogelköpfe zur figuralen Ausgestaltung der Hakenkreuzarme herangezogen wurden, kann denjenigen, welcher mit der bezüglichen Literatur vertraut ist, nicht wundernehmen. Beispiele ähnlicher Art, in welchen die Wirbelbewegung des Drei-, Vier- oder Vielschenkels vermittelst im gleichen Sinne gedrehter thierischer oder auch menschlicher Figuren zum Ausdrucke gelangt, lassen sich aus verschiedenen Ländern der Erde beibringen.

Triskelen und Hakenkreuze mit Vogelköpfen sind schon darum weniger selten, weil in der Mythologie der meisten Völker die Vogelverehrung aus meteorologischen Erscheinungen erklärt werden kann. So findet sich von selbst Verwandtes zu Verwandtem. Überzeugende Nachweise für diese Annahme begegnen uns in Amerika ebenso oft wie in Europa und Asien. Den Chickasaws, den Creeks und den Cherokesen waren der Adler, der Puter, der Kranich, der Reiher und der Specht heilig (Morgan, Ancient Society, pag. 163), und bei den Thlinkits an der Nordwestküste Amerikas wurde der Sturm-, Wetter- oder Donnervogel in Kolossaldarstellungen an den Wänden der Häuser angebracht.[1] So mögen auch in diesen Muschelverzierungen die Vogelköpfe an den Hakenkreuzenden Beziehungen zum Donnervogel in sich schließen. Die Thatsachen, dass im British Museum Muschelstücke von den Admiralitäts- und von den Salomonsinseln mit verwandtem Decor, in dem auch Vogelköpfe vorkommen, aufbewahrt werden, dass in den amerikanischen Muschelritzungen Formen auftreten, welche dem japanischen Tomoye vollkommen gleichen, und dass unter den Monumenten von Copan in Honduras ein seltsames, mit einem curvierten Zweischenkel

Fig. 22. Gravierte Muschelplatte mit vogelköpfigem Hakenkreuze. Wayne County.

verziertes Denkmal sich befindet, dessen Decor dem chinesischen Yin-Yang (nach Hamy dem Tai-ki) in allen Stücken analog ist,[2] haben die Annahme einer künstlerischen Befruchtung Amerikas durch Ostasien zur Folge gehabt.

In der Sitzung des anthropologischen Institutes in London vom 8. Juni 1886 sprach Miss A. W. Buckland „On American Shell-work and its affinities", bei welcher Gelegenheit sie dem Gedanken Ausdruck verlieh, dass eine Übertragung der japanischen Ornamentsymbole nach Amerika über die Inseln des Stillen Oceans zu irgend einer Zeit statt-

---

[1] „It was not the worship of the sun, but of the elements. The bird which personified the lightning hovers darkly over the forest. It shows how animal divinities began to rule over the sky and were transferred to the heavens." S. D. Peet. Animal worship and sun worship. The American Antiquarian. Chicago 1888, pag. 74.

[2] „On comprendra facilement l'intérêt, qui s'attache à cette constation, lorsque l'on saura que la figure ainsi tracée sur un monument religieux de Copan n'est autre que le Tai-ki, taai-kiik, tae-hei, l'un de symboles les plus vénérés des chinois." Compte Rendi de Séances de la Société de Géographie. Paris 1886, pag. 425.

3*

gefunden haben dürfte. Sie bezog sich hierbei zunächst auf eine im South Kensington Museum ausgestellte japanische Trommel, auf welcher das Tomoye (wie auf japanischen Trommeln häufig) in mehrfachen Combinationen vorkommt. Thatsächlich bedient man sich dieser Verzierungsformen in Japan zu dem Zwecke, um damit eine rollende Bewegung auszudrücken. Sie gelten daselbst als die speciellen Insignien des Donnergottes und versinnlichen das Rollen des Donners. Miss Buckland irrt also, wenn sie in diesen Formen japanische Sonnensymbole vermuthet. Ebenso irrig dürfte wohl auch die weitere Schlussfolgerung sein, dass die auf den amerikanischen Muschelplatten auftretenden Triskelen auf einen Import japanischer Kunstformen zurückgehen.[1] Diese letztere Hypothese hat nach meinem Dafürhalten in ebenso hohem Grade den Charakter des Gewaltsamen und Willkürlichen an sich wie die Annahme

Fig. 23. Gravierte Muschelplatte mit vogelköpfigem Hakenkreuze. Tennessee.

der Kreuzübertragung nach dem Westen durch das von den Spaniern vorausgesetzte Apostolat des heiligen Thomas. Es erscheint weit einfacher und natürlicher, diese Formen, sowie viele andere, deren Vorkommen man bisher nicht zu deuten versucht hat, als das aufzufassen, was sie offenbar sind, nämlich als die Ergebnisse einer künstlerischen Urzeugung, die überall auf der Erde von gleichen Bedingungen ausgehend zu gleichen Resultaten führt.

---

[1] „Dr. Tylor has pointed out many similiarities between the arts, the calendars, and the games of Japan and Mexico, and believes in an intercourse, although not necessarily of very ancient date, between Mexico and the East. It, however, seems to me probable, from the shell ornaments, I have so imperfectly described, that that intercourse may be traced across the islands of the Pacific, subsisting during the era of the mound builders, and continuing to the time of the Spanish Conquest." Journ. of the Anthrop. Instit. vol. XVI. London 1887. pag. 161.

Eines der interessantesten der mir bekannt gewordenen Beispiele
für das Vorkommen des Hakenkreuzes bei der Urbevölkerung Amerikas
zeigt die Fig. 24, welche ein mystisches Trockengemälde der Navajo-
Indianer darstellt. Unter den in diesem merkwürdigen Bilde enthaltenen
verschiedengestaltigen Symbolen sind für uns vor allem die vier regel-
rechten Hakenkreuze belangreich, welche mit den nach den Weltgegenden
angeordneten Dämonenfiguren in eine bestimmte Verbindung gebracht
erscheinen. Die Ceremonie, welche bei dem genannten Indianer-
stamme mit der Ausführung ähnlicher mythologischer Darstellung verbunden ist, heißt dsilyidje qaçal, zu deutsch etwa „Gesang in den
Bergen" (dsilyi = Berge; qaçal = heiliger Gesang, Hymnus). Die

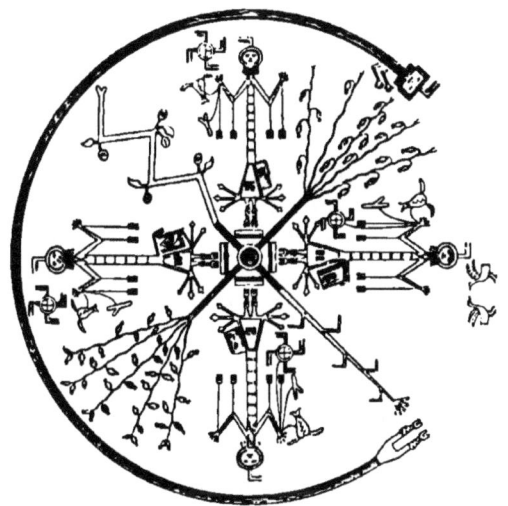

Fig. 24. Trockengemälde der Navajo-Indianer aus Niquotlizi in Neu-Mexiko. Nach einer
colorierten Aufnahme von Matthews, gez. von A. R. Hein.

Qaçali (lit. Sänger), Schamanen oder Medicinmänner ordnen, wenn sie
zu einem erkrankten Mitgliede des Stammes gerufen werden, die Abhaltung
umständlicher religiöser Übungen an, in deren Verlaufe geheimnisvolle
Beschwörungen der unsichtbaren Mächte, tagelang währende dramatische
Aufführungen, nächtliche Feuer- und Fackeltänze und endlich bildliche
Darstellungen aus dem Bereiche der Götterlehre vorgenommen werden.
Dr. Washington Matthews, welcher einigemale Gelegenheit hatte,
diesen Ceremonien anzuwohnen, veröffentlichte einen ausführlichen, reich
illustrierten Bericht hierüber im „Bureau of Ethnology", worin auch die
Herstellung der „Trockengemälde" eingehend geschildert wird. Sobald
die Zeit zur Anfertigung der Bilder gekommen ist, gehen einige Indianer
auf das Geheiß des Schamanen daran, zwischen großen und flachen
Steinen riesige Mengen der nothwendigen Farbstoffe anzureiben; das

gewonnene Farbenpulver wird sodann gesammelt und in eigenen Gefäßen aus Pinienrinde für den Gebrauch bereit gehalten. Es werden fünf verschiedene Pigmente angefertigt: schwarz, aus gebrannter Holzkohle; weiß, aus weißem Sandstein, roth, aus rothem Sandstein; gelb, aus gelbem Sandstein, und blau oder blaugrau, aus einer angemessenen Mischung des schwarzen und weißen Pigmentes. Nach der Beendigung dieser Arbeit wird auf einem großen, freien Platze der daselbst befindliche gelbgraue Sand auf das sorgfältigste geebnet, und der Medicinmann zeichnet nun mit einem spitzen Stäbchen die Contouren des auszuführenden religiösen Gemäldes in den Sand. Hierauf begibt er sich mit mehreren erprobten Sandkünstlern nach der Mitte des Bildes, und es wird sonach vom Centrum aus (um die bereits fertigen Partien nicht durch Fußtritte zu gefährden) mit dem Aufstreuen des Farbenpulvers begonnen, was mit der größten Achtsamkeit geschehen muss und daher zeitraubend ist. Etwa doch auftretende Fehler werden durch sorgfältiges Bestreuen mit dem richtigen Pigmentstaube corrigiert und hierbei die Contouren auf das genaueste eingehalten. Zwölf und mehr Personen arbeiten an einem solchen Bilde fast einen ganzen Tag. Ist das Gemälde vollendet, so werden Rundtänze abgehalten und die dargestellten Gottheiten beschworen, die von ihnen erbetene Hilfe nicht zu versagen. Nach vollzogener Feierlichkeit wirft sich das ganze versammelte Volk auf das Bild, und Jeder nimmt von dem als Talisman geltenden geheiligten Farbstoffe so viel an sich, als er erhaschen kann; mit diesem Staube werden später krankhafte Körperstellen anstatt mit Salben oder Umschlägen belegt und eingehüllt. „If the devotee had disease in his legs, he took dust from the legs of the figures; if in his head, the dust was taken from the heads of the figures, and so on.“[1] Bemerkenswert bei der Anfertigung dieser eigenartigen Kunstwerke ist der Umstand, dass ganz nach unseren akademischen Regeln die Bekleidung erst zum Schlusse über die Körper gelegt wird.

Auf dem Bilde in Fig. 24 steht in der Mitte eine Schale mit Wasser, umgeben von einem aus Regenbogenstrahlen gebildeten Quadrate; auf den Seiten des Quadrates erheben sich die Gestalten der angerufenen Gottheiten, mit den Häuptern nach den vier Weltgegenden gerichtet und einzeln an der Verschiedenheit der Färbung kenntlich. Sie tragen mit Sonnenstrahlen geschmückte Schärpen von rothem Sonnenlicht um ihre Lenden und Ohrgehänge aus Türkisen und Korallen. Die Unterarme und Schenkel sind schwarz, von zickzacklinigen Blitzen durchzuckt. Jeder Gott trägt in seiner rechten Hand allerlei Amulete und mystische Zeichen oder Geräthe; eines derselben ist ein eigenthümlich gefiedertes Hakenkreuz an einer runden Scheibe, welche dem auf so

---

[1] Dr. Washington Matthews, The mountain chant; a Navajo ceremony. Annual report of the Bureau of Ethnology. Washington 1887, pag. 427.

vielen europäischen Alterthümern vorkommenden Radkreuz oder Sonnen-
rad vollkommen entspricht. Der nach rechts gedrehte Federnschmuck
auf den Häuptern der vier Gottheiten drückt dieselbe Wirbelbewegung
aus und bildet daher, wenn durch die Bildmitte verbunden, ebenfalls
ein Hakenkreuz. Das ganze Gemälde ist von einem anthropomorphischen
Regenbogen kreisförmig umschlossen, dessen Haupt eine oblonge Gestalt
hat, wodurch das Geschlecht angedeutet wird; Iris ist nämlich bei den
Navajos wie bei den Griechen eine weibliche Gottheit. Die in den Hakenkreuzen ausgedrückte Wirbelbewegung ist auch in den anderen der mir
bekannt gewordenen Trockengemälde der Navajos durch die Art der
Lagerung von Figuren, Pfeilen, Schlangen etc. angedeutet, und es
erscheint mir zweifellos, dass dadurch eine bestimmte Idee verkörpert
werden soll. Dieser Idee nachzuforschen — worauf bis jetzt, wie mir
scheint, noch kein Gewicht gelegt worden ist — wäre eine lohnende
Aufgabe für die Amerikanisten.

Urmotivische Wirbelornamente.

Der berühmte Stein von Copan, dessen merkwürdiger Decor wegen
seiner Ähnlichkeit mit dem chinesischen Yin- und Yang-Symbol schon
mehrfach der Gegenstand verschiedener Auslegung gewesen ist, wurde
in der Sitzung der geographischen Gesellschaft in Paris vom 2. Juli 1886
durch Dr. E. T. Hamy einer eingehenden Besprechung unterzogen.
Obschon in dem Ruinengebiete von Copan in Honduras bereits 1576
durch Diego Garcia de Palacio entdeckt, erfuhr derselbe doch erst 1834
eine detaillierte Schilderung, welche ihm der Oberst D. Juan Galindo
angedeihen ließ.[1] Aus dieser Darstellung erfahren wir, dass jener Stein
kreisrund und von convex gewölbter Oberfläche sei; seine Höhe beträgt
1 Meter, sein Durchmesser 1½ Meter; die sphärisch ausgebauchte Oberfläche zeigt eine vertiefte S-förmige Verzierung, einen Zweischenkel,
ganz analog dem chinesischen Yin Yang (vgl. Fig. 25). Besonders
bemerkenswert ist, dass dieses in China überaus häufig verwendete
Ornamentsymbol in Amerika nicht nur auf dem Steine von Copan angetroffen wurde; ein junger und intelligenter Reisender, M. Louis Adam,
fand in Salvador, in den Ruinen von Quirigua, ähnliche Alterthümer
mit derselben mysteriösen Curve.[2]
Über die Vorstellungen, welche die Chinesen mit diesem Symbol
verbinden, berichtet Max v. Faber in seiner Schrift: „Transcendentale
voorstellingen der Chineezen", Indische Gids, Amsterdam 1884, pag. 703

[1] D. J. Galindo, The ruins of Copan in Central America. Archaeologica Americana.
Transactions and collections of the American Antiquarian Society. vol. II. pag. 545 bis 500.
[2] E. T. Hamy, Essai d'interprétation d'un des monuments de Copan. Compte Rendu
des Séances de la Société de Géographie. Paris 1886. pag. 425.

und 704, dass nach der chinesischen Kosmogonie das Universum von Anbeginn als eine riesige, mit einem gasförmigen Chaos, genannt gnoan-ki, erfüllte Kugel zu denken sei. Diese kolossale Urzelle, aus welcher alles Leben hervorgieng, war das tâai-kiik. Im guoan-ki befanden sich die beiden mystischen Kräfte: Yang, das Licht, und Yin, die Dunkelheit. Die Vereinigung dieser beiden

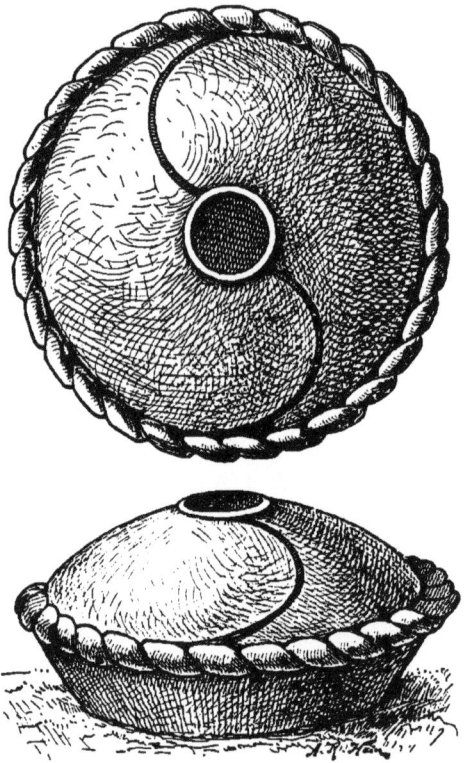

Fig. 25. Stein von Copan in Honduras.

Urgewalten wurde symbolisch durch einen Kreis mit einem eingeschriebenen Zweischenkel charakterisiert, wodurch die Kreisfläche in zwei congruente Hälften zerlegt erschien, welche verschiedenfarbig gemacht wurden, die Yang-Hälfte roth, die Yin-Hälfte blau oder schwarz. In die Mitte der rothen Hälfte setzte man einen schwarzen Kreis, in die Mitte der schwarzen Hälfte einen rothen Kreis. Dieses bei den Chinesen und Japanern tausendfach verwendete und verschiedengestaltig variierte Symbol wurde auf dem Wege mystisch-philosophischer Speculation als eine graphische Darstellung der sich ewig neuverjüngenden Naturgewalten erklärt. Es zeigt sich darin wie überall, wo man dem Zwei-,

Drei-, Vier- oder Vielschenkel als Symbol begegnet, dass diese Zeichen nichts anderes sind als mit glücklichem, ja man kann sagen mit wahrhaft künstlerischem Instincte gewählte Hinweisungen auf jene große, urewige, universale Rotationsidee, welche immer wieder in unendlichen, stets wiederkehrenden Variationen durch alle sich im Weltall täglich und stündlich äußernden socialen, astronomischen und meteorologischen Erscheinungen zur Verkörperung gelangt.

Ich habe schon in meinem Buche über die bildenden Künste bei den Dayaks auf Borneo eine Anzahl von ornamentalen und symbolischen Wirbeltypen zusammengestellt, bei welchen das Rotationsbestreben durch Einschenkel, Zweischenkel, Dreischenkel und Sechsschenkel sinnfällig ausgesprochen erscheint.[1] Es möge mir gestattet sein, auf diese Zusammenstellung hier zurückzukommen.

Du Sartel erklärt die auf chinesischen Töpfereien so häufigen Yin-Yang-Ornamente mit den Worten: „Ce signe symbolise la réunion de forces créatrices, le Yang et le Yin, l'une, positive, mâle et noble, l'autre négative, ou plastique et femelle," und im Chinese repository (Canton 1841), vol. X, pag. 49, heißt es: „Gods are the noble (yang) spirits of heaven, demons are the ignoble (yin) effluence of the earth. The sun is the focus of all the male principles. The moon is the type of great female principle." In Fig. 26 habe ich zwölf Typen aneinandergereiht, welche theils durch ihre formale Verwandtschaft, theils durch den in ihnen liegenden symbolischen Ideengehalt eine Zusammengehörigkeit bekunden. Alle, bis auf das japanische Familienwappen (Nr. 10), drücken deutlich eine rollende Bewegung aus.

Nr. 1. Monoskele mit einfacher Einrollung. Decor einer Fayencevase aus Kioto. James Lord Bowes, Japanese marks and seals. London 1882, Nr. 338, pag. 155, „the makers mark," fast völlig identisch mit der Verzierung eines dayakischen Dolchmessergriffes. (Ethnogr. Mus. Wien. Inv.-Nr. 26.211.)

Nr. 2. Monoskele mit zweifacher Einrollung. Decor eines Hizengefäßes. J. L. Bowes, Nr. 125, pag. 84. Hizen pottery. Von einem alten Hirato-Blumentopf.

Nr. 3. Monoskele mit dreifacher Einrollung. Decor einer Schale aus Borneo. (Ethnogr. Mus. Wien. Inv.-Nr. 31.416. Orig.-Aufn.)

Nr. 4. Biskele, aus zwei einander gegenübergestellten Monoskelen zusammengesetzt, vgl. Nr. 1. Japanisches Tomoye aus einem originaljapanischen Musterbuche. (Bibliothek des Österr. Museums für Kunst und Industrie. Nr. 2946.)

Nr. 5. Triskele, japanisches Tomoye aus demselben Musterbuche, aus drei in einer Kreisfläche gleichmäßig vertheilten Monoskelen

[1] A. R. Hein, Die bildenden Künste bei den Dayaks auf Borneo. Wien, Hölder 1890, pag. 118.

zusammengesetzt; Attribut des japanischen Donnergottes, versinnlicht das Rollen des Donners; auf japanischen Trommeln häufig.

Nr. 6. Biskele. Chinesischer Zweischenkel, das eigentliche Yin-Yang-Symbol, in China überaus häufig. Vergleiche den Decor vom Innern eines chinesischen Tellers in Du Sartel, La porcelaine de Chine, pag. 81, Fig. 53: „A l'intérieur d'un anneau dans lequel sont rangés circulairement les Pa-Koua; et au centre, d'une rosace formée par la réunion du Yang et du Yin. Marque en cachet imprimée dans la pâte: Ta-Thsing-

Fig. 26. Yin- und Yang-Darstellungen und andere symbolische und ornamentale Wirbeltypen.

Yong-tching-nien-tchi (1723—1736)." Collection Du Sartel. Als Malerei in Roth und Blau auf koreanischen Flaggen; Verzierung eines hölzernen Aufsatzes aus Annam. (Ethnogr. Mus. Wien. Inv.-Nr. 4546 etc.)

Nr. 7. Triskele. Chinesischer Dreischenkel. Gelb, roth und blau gemaltes Ornament von einer Toilettedose aus Korea. (Ethnogr. Mus. Wien. Inv.-Nr. 21.470. Orig.-Aufn.) Auch auf einer koreanischen Kopfrolle im Österreichischen Handelsmuseum zu Wien. Wird als koreanisches Wappen bezeichnet. In China und Korea häufig.

Nr. 8. Biskele. Chinesischer Zweischenkel; das Yin-Yang-Symbol, aus zwei aneinandergeschmiegten Fischen dargestellt. Verzierte Messingplatte

mit Geldeinwurf in Gestalt eines oblongen Ausschnittes; vom Utensilien-
kasten eines herumziehenden Barbiers; aus Futschau. (Österr. Handelsmuseum, Wien. Orig.-Aufn.)

Nr. 9. Triskele. Eine der japanischen Schablonen aus der Sammlung des Herrn Professor Bälz in Tokio. Dem Wesen nach vollkommen
übereinstimmend mit den gothischen Maßwerkverzierungen, welche unter
dem Namen der Flamboyantmuster in der französischen Architektur
des Mittelalters beliebt waren. (Lübke, Geschichte der Architektur,
pag. 467, 468.)

Nr. 10. Seidenstickerei in Gold auf Blau von einer japanischen
Rüstung aus Yokohama. (Ethnogr. Mus. Wien. Inv.-Nr. 29.925. Orig.-
Aufn.) Japanisches Zahlzeichen, Familienwappen, Abzeichen der Feuer-

Fig. 27. Mexikanische Schilde.

wehrmänner in Japan. (Nach brieflicher Mittheilung des Secretärs der
japanischen Gesandtschaft in Wien, Herrn Tannahassi.) Dasselbe Gebilde
in J. L. Bowes, Japanese marks and seals auf pag. 208, Nr. 512, „stamped
upon an Ash Bowl of Bizen Hitasuke ware, said to have been made
about 1579 A. D. The mark of the maker."

Nr. 11. Hexaskele. Rosette aus sechs sich um ein Centrum
drehenden Fischen. (Collinot et Beaumont, Ornements arabes. Recueil
de dessin pour l'art et l'industrie. Paris 1882. „Rosace pour plafonds,"
Pl. 9.)

Nr. 12. Hexaskele. Rosette aus sechs sich aus einem centralen
Kreisringe entwickelnden Blättern. Von einem altmalayischen Stoffe.
(Ethnogr. Museum, Wien. Inv.-Nr. 22.650. Orig.-Aufn.)

Es zeigt sich, dass das Yin-Yang-Symbol (Fig. 26, Nr. 6) auf das
vollkommenste mit dem Zweischenkel auf dem Steine von Copan über-
einstimmt; diese Wahrnehmung hat auch E. T. Hamy schon gemacht,
welcher zur Vergleichung auf eine von Jacquemart publicierte, mit dem

Tai-ki und dem Pa-kua — den acht Diagrammen — geschmückte chinesische Vase verweist. Nichtsdestoweniger erscheint es mir unzweifelhaft, dass das Biskele von Copan mit den Lehren der Schule von Tschau-hi und mit dem chinesischen Tai-ki ebensowenig in irgend einer Beziehung

Fig. 28. Der japanische Donnergott „Kaminari no kami" im Yemizdtempel zu Nikko.
Aus der Sammlung des Herrn Grafen Lanckoronski.

steht, als eine solche bezüglich der anderen amerikanischen Wirbeltypen bisher nachgewiesen werden konnte.

Wirbelornamente, welche der Form nach an chinesische Monoskelen erinnern, findet man auch im Decor mexikanischer Schilde. Fig. 27 zeigt vier kreisrunde Schildflächen, welche ich einem Aufsatze des Herrn

Dr. Ed. Seler entnehme;[1] der Behang, mit welchem dieselben geschmückt sind, wurde hier weggelassen, da derselbe für die Zwecke meiner Untersuchungen bedeutungslos ist.

Nr. 1 ist ein einfacher, mit einem nach zwei Seiten abgetreppten Stufenmäander verzierter Schild; Abbildungen desselben finden sich im Codex Mendoza auf Tafel 65 und auf Tafel 66. Nr. 2 trägt ein Ornament, für welches ich keine bestimmte Deutung zu geben vermag; diese Form erscheint mehrfach und war offenbar ein Symbol. Man findet einen in solcher Weise verzierten Schild im Codex Telleriano Remensis am Arme eines Kriegers von Xiquipilco (Provinz Cuetlaxtlan), ferner am Arme eines Kriegers der Provinz Chiapas und endlich auch bei einem die zapotekischen Feinde bekämpfenden mexikanischen Krieger. Nr. 3 ist ein Schild, welcher im Codex Mendoza auf Tafel 66 in Fig. 4 dargestellt erscheint; dort ist er ein Bestandtheil der Rüstung des Priesterkriegers (alfaqui); Monoskele, weiß mit schwarzen Flecken. Diese Wirbelzeichnung, welche den chinesischen und japanischen Monoskelen vollkommen analog ist, erhält dadurch eine besondere Bedeutung, dass durch dieselbe unzweifelhaft eine auf meteorologische Vorgänge gerichtete Symbolik zum Ausdrucke gelangt; sie versinnlicht nämlich das „spiralig gedrehte Windgeschmeide — ynichimal ecailacatzcuzcayo", welches als wichtigstes Emblem des Windgottes Quetzalcoatl an dessen Bildnissen stets als Brustschmuck oder als Schilddecor angetroffen wird.[2] Hinweisungen darauf finden sich in dem Geschichtswerk des P. Sahagun des öfteren, so im Buche I, Cap. 5 „hecacozcachimale" — er trägt den Schild mit dem Windgeschmeide — und an einer anderen Stelle „ynichimal hecailacatz cuzcayo" — sein Schild trägt das spiralig gedrehte Windgeschmeide; doch kommen auch andere Schildembleme Quetzalcoatls vor, wie z. B. einfache Spirallinien bei Durán Tratado 2, Lamina 6, Codex Ramirez, Lamina 26 und das Andreaskreuz im Manuscript der Aubin'schen Sammlung auf Tafel 11 und 12. (Seler, Altmex. Studien, pag. 129.) Nr. 4. Decor vom Schilde des mexikanischen Windgottes (Monoskele wie in 3, nur mit entgegengesetztem Rotationsbestreben). Beachtenswert erscheint mir mit Rücksicht auf die hier vorgeführten Formen besonders der eine Umstand, dass eine Vergleichung derselben mit dem Tomoye — dem Embleme des japanischen Donner-, Sturm- und Wettergottes Kaminari no kami (vgl. Fig. 28) — eine überraschende Übereinstimmung nicht nur der Symboltypen, sondern auch des damit verknüpften Ideengehaltes ergibt; wenn nun auch in der germanischen

---

[1] Zeitschrift für Ethnologie, XXI. Jahrg. Berlin 1889. Heft II. Verh., pag. 63 ff.

[2] „Es (das „Windgeschmeide") ist das hervorragendste und charakteristischste Attribut des Gottes, unmittelbarer Ausdruck seiner Natur als Gott des Windes, des Wirbelnden, des im weiten Luftreich Herrschenden . . . . ." Dr. Ed. Seler, Altmexikanische Studien. Veröffentlichungen aus dem königlichen Museum für Völkerkunde. Berlin 1890. I. Band. 4. Heft. pag. 128.

Mythologie das Hakenkreuz wegen der in demselben zum Ausdrucke gelangenden steten Bewegung das Symbol des Odin als Sturmgott, als Erreger der Luftströmungen geworden ist,[1] so erhellt daraus zur Genüge, dass diesen verschiedenen Wirbeltypen bei vollkommen getrennten Völkerschaften eine gleiche Bedeutung beigemessen wurde.

Eine einfache Wirbelzeichnung, welche man als ein in einen Kreis eingeschriebenes Tetraskele oder als ein Hakenkreuz mit gekrümmten, in die Kreisperipherie auslaufenden Armen bezeichnen kann, ist die mexikanische Symboltype für den Begriff „Jahr" (Fig. 29). Das mexikanische Tagessymbol ist ein Radkreuz.

Auf die sehr hübschen Polyskelen, welche die Wolpi-Indianer im Decor ihrer geflochtenen Körbe anbringen (vgl. Bureau of Ethnology, Washington 1883, Fig. 542) will ich an dieser Stelle nicht näher ein-

Fig. 29. Mexikanische Hieroglyphe für den Begriff „Jahr". .

gehen, und möchte nur bemerken, dass ich dieselben lediglich als das Resultat der technischen Herstellung betrachte; an eine Symbolik irgendwelcher Art ist dabei nicht zu denken. Dagegen scheinen mir die krummarmigen Hakenkreuze, welche dieser Stamm auf den Tanzklappern — Dance-rattles[2] — anzubringen pflegt, immerhin mit der Drehbewegung des Tanzes in Beziehung zu stehen.

Der gelehrte Amerikanist Daniel G. Brinton hat in einem Aufsatze über die religiösen Symbole in Amerika[3] die Triskelen, Kreuze und Hakenkreuze als mit Bezug auf ihren ideellen Gehalt gleichbedeutend, und zwar als symbolische Typen für die Sonnenbewegung darzustellen versucht.

Eine aztekische Zeichnung (Fig. 30) aus dem Atlas zu Duráns Geschichte von Mexiko (Historia de la Nueva España, Trat. III, Cap. 1), welche den Jahreslauf versinnlicht, beweist allerdings unwiderleglich, dass das Hakenkreuz bei den Azteken ein Zeitsymbol war.

---

[1] P. Senf, das Svastika in Schlesien, Schlesiens Vorzeit. V, pag. 119.
[2] Bureau of Ethnology. Washington 1883. Fig. 562.
[3] Daniel G. Brinton, Essays of an Americanist. Philadelphia 1890, pag. 148 bis 162.

In dieser sehr merkwürdigen Figur ist das Quadrat, das Kreuz, das Rad, der Kreis und das Hakenkreuz in eins verschmolzen; das Wesen der ganzen Darstellung besteht augenscheinlich darin, den Begriff der Rotation zu veranschaulichen.

Im Centrum steht das strahlenumkränzte Sonnenbild, nach den vier Mittelpunkten der Quadratseiten gehen die Kreuzbalken aus, welche sich sämmtlich der Drehrichtung gemäss, also nach links in die Peripherie des Kreises oder in den Radkranz umlegen, wodurch vier gekrümmte Haken gebildet werden. Hier steht das Hakenkreuz — das Tetraskele — mit vollendeter Deutlichkeit als Wirbelornament vor uns. Es kann daher, da es seinem inneren Aufbau zufolge eine Rotationsfigur ist, ganz ebenso wie das Biskele, das Triskele und das

Fig. 30. Symbol des Zeitlaufes bei den Azteken.

Polyskele, eine Symboltype für den Sonnen- und Zeitenlauf sein, wie Brinton behauptet; es konnte aber ebenso gut als Symbol für den Donner und Blitz, für den Wirbelwind, für des Regens befruchtende, neuverjüngende Kraft und für den Kreislauf des Lebens zur Verwendung gelangen, weil auch hierin die der graphischen Darstellung unterschobene Idee mit der inneren Wesenheit der Verbildlichung nicht contrastiert. Und darin liegt der eigentliche Angelpunkt; die ursprüngliche, naive Symbolik wird immer durch den Charakter ihrer sichtbaren Darstellungen an das bezeichnende Moment der zum Ausdrucke gelangenden Idee in sinnfälliger Weise erinnern. Das gilt für alle Zonen, das gilt für alle Länder der Erde, wo der Menschengeist sich aus kleinen Anfängen allmählich und ungestört entwickeln konnte. Tausende von ethnographischen, religiösen, symbolischen und künstlerischen Parallelen, mit welchen uns Archäologie und Völkerkunde stets von neuem bekannt machen, erklären sich von selbst in zwangloser Art aus den Grundzügen der Organisation des Menschengeistes. „The path of culture is narrow, especially in its early

stages, and men everywhere have trodden unconsciously in each others
footsteps in advancing from the darkness of barbarism to the light of
civilization." (Brinton.)

Es erscheint als ein müßiger Versuch, wegen einiger religiösen,
socialen oder ornamentalen Analogien das vorcolumbische Amerika zur
geistigen Provinz Europas oder Asiens machen zu wollen.
Aus dem Bestande einer mit den Symboltypen der Alten Welt
nahe verwandten prähistorisch-indianischen Wirbelornamentik lässt sich
die Übertragung künstlerischer Traditionen nach dem Westen noch nicht
folgern.

Analogien solcher und ähnlicher Art erbringen nur dafür den
Beweis, dass das religiöse Denken und der symbolische Ausdruck für
dasselbe in einer Seelenthätigkeit ihren Ursprung haben, deren elemen-
tare Triebkräfte von allgemein menschlicher Wesenheit sind.

⊗ Prachtwerk ersten Ranges. ⊗

Griechische

Götter- und Heldengestalten.

Nach antiken Bildwerken gezeichnet und erläutert

von

Prof. Jos. Langl.

Mit kunstgeschichtlicher Einleitung von Professor **Dr. Carl v. Lützow.**

47 Bogen Text in Folio mit 50 Tafeln in Lichtdruck und 300 Textillustrationen.

Preis geheftet M. 45.—. in elegante Prachtleinwanddecke gebunden mit Goldschnitt M. 56.—.

(Das Werk kann auch noch in 18 Lieferungen à M. 2.50 bezogen werden.)

Cimabue und Rom.

Funde und Forschungen zur Kunstgeschichte u. zur Topographie der Stadt Rom.

Von

Dr. Josef Strzygowski

Privatdocent der Kunstgeschichte an der Universität Wien.

Mit 7 Tafeln u. 4 Abbildungen im Texte. — Mit Unterstützung der kaiserl. Akademie der Wissenschaften in Wien.

Preis M. 10.—.

Mittheilungen der Anthropologischen Gesellschaft in Wien.

Redactions-Comité: **Franz Ritter v. Hauer, M. Much, Friedrich Müller, S. Wahrmann, A. Weisbach, J. N. Woldřich.**

Redactions-Beirath: **M. Much** und **E. Zuckerkandl.** Redacteur: **Franz Heger.**

Band			
Band II—X. 1872—1880 zusammen		M. 72.—
„ II—X. 1872—1880 per Band (4 Hefte)		„ 12.—
„ XI—XII. 1881—1882 „ „ „ „		„ 12.—
„ XIII—XX. 1883—1890 „ „ „ „		„ 12.—
„ XXI. 1891 „ „ (6 Hefte)		„ 20.—

Ostasiatische Bronze-Gefässe und Geräthe

in Umrissen.

Ein Beitrag zur Gefässlehre.

Zum Studium und zur Nachbildung für Kunstindustrie und gewerbliche Lehranstalten.

Herausgegeben von

Professor H. Herdtle

Architekt.

28 Blätter. Grossfolio. Format 36:56 Centimeter. Preis in Umschlag 8 M., in Mappe 9 M.

Von demselben Verfasser:

Vorbilder für die Kleinkunst in Bronze.

20 Tafeln Abbildungen verschiedener Objecte aus der Antike, dem Mittelalter und der Renaissance. Zum Gebrauche für Kunstindustrielle und gewerbliche Lehranstalten.

Preis in Umschlag 10 M. 80 Pf., in Mappe 12 M.

K. u. k. Hofbuchdruckerei Carl Fromme in Wien.